MÉXICO,
LA HISTORIA INTERMINABLE

ROBERTO MADRAZO

MÉXICO, LA HISTORIA INTERMINABLE

¿CÓMO LIBERARNOS DE UNA CULTURA POLÍTICA ATRAPADA EN EL PASADO?

© 2021, Roberto Madrazo

Diseño de interiores: Myriam Enciso

Derechos reservados

© 2021, Editorial Planeta Mexicana, S.A. de C.V.
Bajo el sello editorial PLANETA M.R.
Avenida Presidente Masarik núm. 111,
Piso 2, Polanco V Sección, Miguel Hidalgo
C.P. 11560, Ciudad de México
www.planetadelibros.com.mx

Edición en formato epub
ISBN: 978-607-07-7541-3

Edición en formato POD
ISBN: 978-607-07-7609-0

El contenido de este libro es responsabilidad exclusiva del autor y no refleja la opinión de la editorial.

No se permite la reproducción total o parcial de este libro ni su incorporación a un sistema informático, ni su transmisión en cualquier forma o por cualquier medio, sea este electrónico, mecánico, por fotocopia, por grabación u otros métodos, sin el permiso previo y por escrito de los titulares del *copyright*.

La infracción de los derechos mencionados puede ser constitutiva de delito contra la propiedad intelectual (Arts. 229 y siguientes de la Ley Federal de Derechos de Autor y Arts. 424 y siguientes del Código Penal).

Si necesita fotocopiar o escanear algún fragmento de esta obra diríjase al CeMPro (Centro Mexicano de Protección y Fomento de los Derechos de Autor, http://www.cempro.org.mx).

Libro impreso bajo la técnica Print On Demand (POD)

Impreso en Estados Unidos – Printed in United States

*Todos los negocios jugosos que se hacen en este país,
negocios de corrupción, llevan el visto bueno del
Presidente de la República.*

*Para que esto quede claro: no es que «no lo sepa el señor Presidente».
No es que «el señor Presidente tiene buenas intenciones, pero lo engañan,
lo traicionan, no le ayudan».*

¡Mentira!

*El presidente de la República tiene toda la información que se necesita.
O es cómplice o se hace de la vista gorda.*

Andrés Manuel López Obrador
Presidente de la República

Índice

Introducción. 11
Capítulo 1: México o la historia interminable 15
    Lo más parecido al nido de la serpiente
Capítulo 2: La rueda fatal donde México muere 37
    La historia del tren que nunca llega
Capítulo 3: ¿Por qué todo se nos pudre?. 55
    Escombros por doquier
Capítulo 4: El maleficio del odio y la venganza 67
    ¿Terminará un día?
Capítulo 5: Populismo de ayer y de hoy 83
    Lo que pudo haber sido y no fue
Capítulo 6: ¿Cómo salir de la trampa? 115
    Una mirada hacia el futuro
Capítulo 7: Desafíos de una nueva era 159
    Democracia, instituciones, legalidad
Reflexiones finales 177

ANEXOS

Anexo 1: Cartera de Economía 2020   189
Anexo 2: Índice de la tendencia laboral
de la pobreza y la pobreza laboral.   205
Anexo 3: México en el informe anual del FMI.   229
Anexo 4: 2019-2020: Capitulación anunciada   231
Anexo 5: 2019-2020: Los años más violentos
en la historia de México.   235

Introducción

Después de la agitación, de la retórica, de las promesas y la utopía, llegó la hora de gobernar. Se le ha propuesto a México una Cuarta Transformación —4T— (tras la Independencia, la Reforma y la Revolución mexicana). Esto querría decir que llegó la hora de abrir el portafolio y desatar la imaginación y la responsabilidad, los proyectos, los planes, las políticas, las fuerzas para construir la anunciada nueva época, nueva época que busca ser un parteaguas de progreso tangible para los más pobres y, para México, el fin de la corrupción y la entrada en el complejo círculo virtuoso del desarrollo en un mundo en disputa, dominado por la competencia, el conocimiento y la revolución científica y tecnológica digital. Todo lo anterior implica apertura, esfuerzos renovados, una clara visión estratégica, sobre todo de futuro, con más sustantivos que adjetivos, mucho menos estruendosa y emocional, y sin duda notablemente dirigida por la ley para la generación de confianza, más la articulación de todos los intereses que conforman la sociedad. Con ingenierías estudiadas y planeadas, y resultados sólidos para el corto y largo plazo.

Las páginas que siguen albergan una reflexión a partir de lo que, en el lapso próximo a la mitad del Gobierno del presidente López Obrador, dejan ver sus decisiones, sus acciones, sus políticas y realizaciones, y sus consecuencias, en el marco de los problemas y desafíos del acto de gobernar, como del enorme reto que ha planteado la pandemia que asola al mundo en términos sanitarios, económicos y sociales. Una tarea —la de gobernar— cuyo significado remite más que nunca al arte de «conducir la nave entre escollos». Después de todo, nadie que llega a esta función en su sano juicio lo hace pensando que la llevará a cabo en un terreno donde el pasado le hizo la tarea. Al contrario, escollos noche y día habitan y habitarán la mente de todo auténtico líder y gobernante con vocación de Estado.

Al actual Gobierno mexicano le ha tocado heredar un país y una sociedad con carencias, vicios, sueños y anhelos postergados. Es cierto. También es cierto que por eso AMLO alcanzó una victoria tan contundente como legitimadora. Había y hay tareas pendientes, y un entorno externo cada vez más complejo. En ese mismo sentido constituye un activo contar con que en las últimas décadas México logró trazar un camino a base de reformas graduales que lo llevaron, si no a resolver todos los pendientes, sí a avanzar claramente en la agenda política, económica y social, en términos de democracia y contrapesos ciudadanos al poder, crecimiento, reducción de la pobreza y la desigualdad, así como en su inserción competitiva entre los grandes mercados globales. (Una épica, en un país con tantas debilidades).

A pesar de los avances es claro que subsisten problemas de fondo en materia de legalidad, corrupción, seguridad pública y social, y desigualdad, justo aquello que hizo posible la victoria electoral del actual presidente de la República. A pesar de que durante décadas millones de mexicanos le temieron por su ideologismo radical, un día albergaron la posibilidad de que, una vez en la silla del Águila, las instituciones de la República y aquellos avances alcanzados serían el punto de partida de su Gobierno. Ahora, sin embargo, el Presidente ha escogido la tan temida orientación del activista permanente, al grado de que cada vez son más quienes pronuncian la palabra «traición». ¿A dónde lo llevará a él en lo personal, a su Gobierno y, lo más importante, a dónde llevará al país y a millones de mexicanos? ¿Sobrevivirá la nación a la destrucción en marcha?

Habiendo seguido la voz y el pensamiento de especialistas y expertos al cabo de estos dos años, así como la experiencia internacional, la reflexión pasa por estas y otras cuestiones, con el ánimo de aportar desde un mirador sereno y propositivo en esta hora sin duda crucial que vive nuestro país.

CAPÍTULO 1

México o la historia interminable

Lo más parecido al nido de la serpiente

D ICEN QUIENES saben que la idea del eterno retorno es misteriosa. Ha de ser, porque cuesta trabajo concebirla racionalmente. Yo me asomé a esa idea de modo fortuito, leyendo una novela mientras viajaba con mi esposa. Era una linda historia de amor que observa en el eterno retorno una carga pesada, una pesada responsabilidad. Curiosamente, mientras más avanzaba la lectura yo pensaba en México, donde el eterno retorno al parecer funciona al revés, esto es, como una demoledora ausencia de responsabilidad.

Debo reconocer, como tributo inolvidable, que el placer de la lectura nació en mí a instancias directas e indirectas de mi padre. Él era un lector infatigable, disponía de una biblioteca cautivadora. Supongo que verlo leer como yo lo veía alentó en mí seguirlo en ese sentido.

En fin, cuando llegué a las páginas finales, México volvió a mi mente. Leía que si Karenin, en lugar de ser un perro, hubiera sido un hombre, seguro le hubiera dicho a Teresa, su ama: «Haz el favor, estoy aburrido de llevar todos los días el periódico en la boca, de hacer lo mismo. ¿No puedes inventar algo nuevo?». En esa frase —dice el narrador— está encerrada una condena sobre el hombre. Una condena a raíz de que la vida humana sigue una línea recta, siempre hacia adelante, sin retorno. Por tal motivo no puede ser feliz, porque la felicidad está en la repetición, en el eterno retorno. ¿Será por eso que México no avanza o no quiere avanzar? ¿Será que buscamos la felicidad en el deseo de repetir, de hacer una y otra vez lo mismo? ¿Así, de plano, nos hemos equivocado?

De esto platiqué dos o tres veces con un par de amigos historiadores. Uno de ellos no aguantó la risa y me dijo que no era la felicidad lo que buscábamos los mexicanos regresando al pasado; más bien, no progresamos, porque, eso sí, el pasado nos pesa como una losa: hablamos de futuro, pero mirando el pasado. Recuerdo que mi amigo me habló de Octavio Paz y *El laberinto de la soledad* (que mi padre leía casi como libro de consulta); ya en esas, el historiador me dijo que entre los mexicanos los muertos del pasado resucitan entre los vivos del presente.

Pensé en los presidentes, a los cuales vemos, y ellos mismos lo hacen, como el antiguo *Tlatoani*. Somos un país de símbolos, de mitos y de ritos. Un país de regresos eternos. México es mágico, decimos a menudo. Y eso es cierto. ¿Qué querría decir mágico en este contexto? Mágica es quizá la idea que ve en el presidente la antigua figura del tlatoani, el que manda; y hasta puede creerse que cuanto hace el presidente ya lo hizo cualquiera de los tlatoanis en otro tiempo. Por tanto, su vida sería una repetición… México es mágico.

Hoy se dice que el presidente López Obrador maneja como pocos los símbolos. Es cierto, y a la vez es inquietante. Porque se le resta importancia a la realidad presente si se le observa en función de una repetición del pasado. Un tiempo ya ido, al que se considera grandioso, digno de ser repetido. En ese sentido llama la atención el emblema oficial de la 4T: un mosaico de figuras del pasado, con un hueco a ser llenado por su par, el actual presidente. Tal vez él mismo no se reconoce como de este tiempo, en tanto se ve o se asume como imitación o repetición de una figura simbólica, preciada, llena de valor.

No debe extrañarnos la trama cíclica que nos define. Somos una nación con un pasado envidiable, sin duda. Una rica civilización cuyos vestigios pugnan todo el tiempo por salir a la superficie. Y lo hacen. Basta hundir la mano donde se quiera para toparnos con el latido eterno de su vitalidad. Hay en verdad un museo enterrado a lo largo y ancho de nuestra geografía. Como se ha dicho, es el México profundo, son las hebras de un enorme tejido de culturas. Digo enterrado y, sin embargo, esos hilos caminan por los senderos, por las calles, se dejan sentir en nuestra vida cotidiana, igual en un mercado sobre ruedas que en un moderno supermercado, en el campo y en la ciudad, en el habla de la gente, en nuestros guiños y gestos de cada día. Difícil negar su presencia. Pero ¿quién querría negarla? México es una nación pluricultural, entronque de civilizaciones y de culturas, mezcla —como toda cultura y toda civilización—; mezcla de lo occidental y lo mesoamericano, así dicen los antropólogos. Una mezcla *sui géneris*: en disputa a lo largo de cinco siglos. Parece increíble. Pues esa disputa, también eterna, se deja ver igual en un mercado sobre ruedas que en un moderno supermercado. Y ahora también en la mente del presidente López Obrador.

Creo que nuestra trama cíclica encuentra su explicación, al menos en parte, en esta conflictiva relación, una historia de confrontaciones y resistencias entre un polo de poder y colonización occidental y otro de sujeción y descolonización mesoamericana. Una tensión histórica, sin duda, en tanto la polarización no cesa.

Recuerdo que en los años ochenta del pasado siglo la cuestión se puso al rojo vivo, sobre todo después del país en ruinas que dejó el populismo de los setenta. Con todo y riqueza petrolera, y los precios a tope, más el yacimiento Cantarell, México quedó quebrado. Sacarlo adelante hizo necesaria una jugada audaz, yo diría valiente en los términos de una decidida apertura al mundo. Fue cuando arreciaron las descalificaciones, las adjetivaciones, la ideología redentora de un nacionalismo a ultranza por encima de todo, permeando el debate en torno al eje disyuntivo de siempre: lo interno o lo externo; lo nuestro o lo extranjero. Lo autóctono como expresión única de lo auténtico. No fue fácil mirar más allá, ya que se argumentaba en contra —y parecía justo y popular— que la única salida posible, se decía casi sin asomo de duda, consiste en sacar del México profundo la voluntad histórica para emprender nuestro propio proyecto civilizatorio.

Cabe recordar que en ese entonces el mundo entero se encontraba a las puertas de un cambio enorme de paradigmas en materia de civilización, cultura y tecnologías. Digo *cambio de paradigmas* en alusión a que cambiaba, de forma por lo demás irrefrenable, la cancha de juego para la competitividad y la sobrevivencia de todas las naciones del orbe. Sin embargo, desde acá se proponía «fundar una nueva esperanza» a partir de las bases de civilización y cultura de nuestros ancestros mesoamericanos. Uno de los planteamientos radicales en ese sentido decía así: «Si no se cuenta con la herencia del México profundo no hay solución que valga». ¿Por qué? Porque hasta aquí —se dijo— se ha tratado de construir un México ajeno a la realidad de México. Desde luego se reconocía el hecho de que «México cuenta con científicos y técnicos, artistas, investigadores, intelectuales, dotados de conocimientos y habilidades occidentales… El problema está en si la sociedad mexicana tiene la capacidad para apropiarse realmente de esos recursos y ponerlos al servicio de sus intereses auténticos… si somos capaces de emplear conocimientos y técnicas de la civilización occidental sin que su empleo conlleve la adopción del proyecto civilizatorio de Occidente, que niega nuestra realidad profunda».

Esto se argumentaba a finales de los ochenta, cuando el país buscaba salir de lo que habían dejado el derroche y la destrucción populista: «México cuenta con un vasto arsenal de pueblos, elementos culturales propios y recursos para ser un país mejor. Estos son los ladrillos para construir el nuevo hogar de los mexicanos. Son los únicos realmente nuestros, pero son suficientes… Solo faltan los planos». Cuando todas las sociedades y culturas del planeta buscaban una configuración global más allá de los nacionalismos territoriales para generar riqueza, acá hubo quienes proponían cerrarnos y encerrarnos aún más. Cuando miles de millones buscaban articular una mirada de futuro, acá hubo voces radicales que propusieron darnos media vuelta y caminar en sentido contrario, con los ojos puestos en el pasado. En el pasado ancestral. Recuerdo que se dijo: tenemos todo, tenemos historia y cultura, una vieja civilización que nos respalda. Lo recuerdo bien, porque la frase terminó así: «Nada más faltan los planos».

Ahora mismo, entrados ya en el siglo XXI, y en medio de una enorme crisis sanitaria que ha paralizado el mundo, por el covid-19, el nuevo Gobierno de López Obrador insiste con la versión actual del regreso al pasado: la mejor política exterior es la interior. Insiste en tapar el sol con el dedo de la ideología; insiste en una Cuarta Transformación anclada en los setenta… a la que nada más ¡le faltan los planos! Es la historia interminable.

A pesar de todo, México se abrió en los ochenta y entró con éxito en el mundo global, solo que hoy, al inicio de la tercera década del siglo XXI, la aspiración del presidente López Obrador es cerrarnos de nuevo, y apelar a «lo nuestro», despreciando a lo largo y ancho de la república la ciencia y el conocimiento, a nuestros artistas, a nuestros intelectuales, maestros y escritores, cerrando programas y proyectos de investigación… Una vez más con la mira puesta en el pasado remoto. Desde luego esto no es como abrir y cerrar una puerta. No es tan simple. Más bien es grave, y mortal para millones de mexicanos, pues entre las diversas formas de morir que puede caer sobre un ser humano nada es más triste, criminal y salvaje que morir en vida privado de futuro. Apúntense aquí primero a los pobres.

Así que no es tan simple como abrir y cerrar una puerta. Porque para abrir la puerta del mundo de alta competencia México tuvo que dar un enorme salto con reformas estructurales en todos los terrenos. En el terreno institucional ni se diga, ya que la imagen y la realidad del México de la «dictadura perfecta» debía quedar atrás. Debía quedar superada para generar confianza, ese activo social sin el cual ninguna nación de nuestro tiempo puede sobrevivir con dignidad. Por eso se fueron creando organismos autónomos con una buena dosis de participación ciudadana a fin de generar confianza y credibilidad, buscando alejarnos cuanto fuera necesario de la voluntad de un solo hombre en el poder. Ahora bien, tampoco es tan simple cerrar esa puerta abierta que nos puso en el mundo desde los ochenta, ya que para hacerlo hoy el nuevo gobierno de la Cuarta Transformación comenzó por derogar todo lo avanzado en términos de reformas y contrapesos institucionales a la «dictadura perfecta», al país de un solo hombre y una sola voluntad. Todo lo que México ha crecido en materia de ciencias, conocimientos y tecnologías.

No. No ha cesado la disputa cultural y la polarización. A tal grado persiste, que el Gobierno del presidente López Obrador prácticamente inició su mandato republicano colocando en el centro justamente la polarización cultural. No fue otra cosa su ungimiento por ciertas comunidades indígenas en la Plaza de la Constitución de la Ciudad de México, seguida de un despropósito increíble: una carta al rey de España Felipe VI exigiéndole realizar en el 2021 una ceremonia conjunta al más alto nivel, en la cual el Reino de España debía expresar de manera pública y oficial disculpas y reconocimiento de los agravios causados por la Conquista hace... 500 años. Hoy, en estos días de octubre del 2020, ha vuelto una vez más al punto. Con un añadido aún más absurdo: recuperar el penacho de Moctezuma y la «limpia» que el Presidente y su esposa llevaron a cabo en Palacio Nacional con motivo de Día de Muertos.

Hay en esta historia no solo ceguera política y social, hay un resentimiento profundo. A la postre dañino. Tanto que a quienes más daño ha causado y causa es a las comunidades herederas de las culturas originarias, comunidades que han resultado víctimas, cuando menos, de una doble circunstancia. De su explicable resistencia en defensa propia, que las ha mantenido aferradas con razón legítima a sus tradiciones y costumbres, y del precio ante su marginación del progreso, fenómeno este, el progreso, cuya fuerza no reconoce ni respeta fronteras culturales, tradiciones, costumbres, valores.

Desde tiempos remotos los pueblos, de cualquier signo cultural y donde quiera que se hayan asentado, sobreviven por sus intercambios con la naturaleza, pero, además, a base de mezclarse unos con otros, al precio de guerras de conquistas donde sucumben personas como tradiciones, costumbres y lenguas, dando origen a otras tantas identidades que en la historia han sido. Al respecto, alguna vez leí en uno de los libros del maestro Jesús Silva Herzog sobre la Revolución mexicana una cita del poeta Paul Valery: «Las civilizaciones también son mortales». Una gran verdad. Lo fueron los griegos a manos de los romanos, de cuya mezcla emergió la cuna de la civilización que todavía domina en Occidente, la gran civilización y cultura grecolatina.

Con todo, esta misma y colosal civilización occidental moderna experimenta hoy lo más parecido a una mutación —más que una crisis o un mero cambio progresivo—, una mutación en el orden de la mente de los humanos con la irrupción de la nueva civilización digital, cuyos desafíos apenas comenzamos a vislumbrar. ¿Vamos a darle la espalda a esta realidad palpitante en el cerebro de miles de millones, de nuestros niños en las escuelas y en los hogares, la industria, los servicios de salud? ¿Vamos a cancelar todos los proyectos de investigación científica y tecnológica, particularmente los de biotecnología, con ser que entramos precisamente en lo que notables hombres de ciencia denominan «siglo de la biotecnología»?

Por cierto, no será tampoco simple, mucho menos será fácil afrontar los desafíos de la nueva civilización digital ya en marcha, que aun afrontándolos dejará en el camino millones de vidas quebradas; más todavía si México, en lugar de ir en busca del conocimiento, emprende la retirada y entrega la plaza y su gente, refugiado él en posiciones ideológicas cuyo fracaso se medirá —se mide desde ahora— en vidas desperdiciadas. El Gobierno de López Obrador tiene en esto una responsabilidad ineludible. Pero si se empeña en hacerlo, tal irresponsabilidad, más temprano que tarde, lo hará responsable de un crimen de lesa humanidad. Debe entender, y debe entender pronto, que la revolución digital en marcha acrecentará la producción de lo que importantes sociólogos como Zigmunt Bauman llaman desde ahora «residuos humanos», poblaciones «superfluas» de emigrantes y demás parias, como consecuencia inevitable del mundo nuevo que está emergiendo a nuestros pies.

Lejos entonces de hallar la solución en el encierro y la cerrazón bipolar, el Gobierno de López Obrador debe entender —comprender antes que huir y juzgar— que los problemas que enfrenta México tienen su origen en la esfera global, y que es allí, en el ámbito de la globalidad, donde puede y debe articular soluciones viables y eficaces para nuestro «desdichado pueblo», como solía decir don Gastón García Cantú. Debe entender que el Gobierno, divorciado del ámbito global, se corta las manos, pues con ello carece absolutamente de capacidad para trazar un nuevo rumbo para la nación. Al contrario, tal divorcio no hace y no hará más que socavar, como ya se advierte con claridad, su propia capacidad de acción, condenándolo a la inquietante parálisis que ha empezado a agobiarlo. Montado en la improvisación y el ingenio como herramienta de «gobierno» ha perdido tiempo precioso —lo pierde a diario confrontando y polarizando—, una pérdida crucial cuando se ha hecho evidente que el «proyecto» con el que ganó la elección del 2018, en el que creyeron millones de mexicanos, carece de los planos para su edificación. He leído en estos días de reflexión a René Delgado, el inteligente analista del diario *Reforma*, donde advierte acerca de la «turbación del juicio». Hay vértigo, dice, obsesión por avanzar a como dé lugar por la vía de los hechos, no de los derechos. Grave. Y muy preocupante.

Obviamente hay en el juego y rejuego entre la historia y el progreso evidencias claras de un registro de pérdidas. Sin duda. Lo interesante es que también se registran ganancias. Bien vista, la historia y el progreso no son otra cosa que un juego de gana-pierde, un juego donde ninguno pierde todo ni ninguno gana todo. El cambio tecnológico de referencia digital es un magnífico ejemplo, pues cada nueva adquisición echa abajo algo, sea una tradición, una costumbre, un modelo de acción o de pensar, o un apreciado valor. No leemos hoy un libro electrónico en la *tablet* sin perder el placer de sentir cada página en las manos. A cambio, ganamos tiempo y ubicuidad, justo cuando hoy se trata de «estar» en todas partes a la vez, para no perdernos una oportunidad. Pocos piensan en esto: cuando uno compra un libro electrónico, con esa decisión deja en el camino una cadena de personas que hasta ayer contaban con empleo en la librería. La revolución digital ha comenzado por lo pronto a eliminar las mediaciones existentes en la «vieja» civilización. Mediaciones son el cartero, el hombre o la mujer que nos cobra el libro en la librería o el café en la cafetería. Empleos, en una palabra. Genial la revolución digital. Mortal para millones que solo ven su lado entretenido. Fatal para aquellos líderes aquejados de ceguera histórica y política.

Todo lo anterior viene a cuento a propósito del debate acerca del proyecto de nación o modelo de desarrollo o proyecto nacional que se daba en los años ochenta, cuando fue necesario sacar lo mejor de la imaginación política para darle a México prácticamente respiración boca a boca para recuperarlo y que asistiera al parto del nuevo mundo en marcha. Para entonces la esperanza comunista o socialista se hundía tras su incompetencia y totalitarismo con la caída del Muro de Berlín. El mundo se encontraba dando un giro descomunal.

Hablando de esperanza, ¿cuál era entonces la situación de la esperanza? La esperanza revolucionaria daba miedo. ¿Qué hacer? ¿Abrirnos, cerrarnos? Hoy, al cabo de casi tres décadas, sabemos que ante la avalancha del cambio no alcanzamos ni a meter las manos. El tsunami de una nueva civilización nos pasó por encima. El TLC fue una de las piezas hoy emblemática. Emergió de pronto como el centro de la disputa. Hoy hasta el presidente López Obrador, que en aquel tiempo se opuso tenazmente a la apertura, celebró a cuatro manos con el entonces presidente Donald Trump que se hubiera firmado. De hecho, sin el nuevo Tratado entre México, los Estados Unidos y Canadá (T-MEC) su Gobierno no tendría siquiera esperanza de ver una pronta recuperación económica y social tras la pandemia del covid-19. Una gran lección, ya que si México no hubiera entrado en la vorágine del cambio en los ochenta no hubiera logrado ser el país que logró remontar la ruina provocada por una visión estrecha del desarrollo anclada en el pasado y arruinado por el derroche populista de los setenta.

Nuestra historia es compleja. Tan compleja, que no hemos dejado de ser una trama cíclica, el país del eterno retorno, lo cual queda de manifiesto en esa rara especie que nos lleva a las tajadas sexenales. Uno se siente tentado por la idea de que, a decir verdad, carecemos de historia. Tenemos cortes. Pedazos. Tal vez no solo eso, pues entre corte y corte sexenal México queda atrapado recurrentemente en un modelo singular y único de locura, que lo conduce a construir y deconstruir alternativamente, algo que se acrecentó con la llegada de la alternancia en el poder federal, pues agudizó la confrontación propia del modelo construcción-deconstrucción. Un presidente alcanza la victoria en las urnas y emprende un proyecto de gobierno y comienza por destruir cuanto hizo el anterior. Ninguna institución de la República logra escapar del maleficio y la destrucción. Ni el nombre de las mismas. Ni los programas. Nada. Cada nuevo presidente o cada nuevo Gobierno asume como dios y crea el mundo a partir de él, en tanto la sociedad observa, entre indiferente, temerosa y festiva el acto creador. A sabiendas, claro está, de que al cabo de seis años un nuevo dios bajará del Olimpo para acabar con todo y comenzar de nuevo. Y así… La historia interminable. Una historia que no es historia, sino la trama cíclica del eterno retorno. A México le urge que el presidente en turno deje de ser Dios.

Acaso no haya peor corrupción que esta, el caño por donde se va al desagüe la gran riqueza nacional hecha de sangre, sudor y lágrimas año tras año, una vida entera, lo mismo en el campo que en la ciudad, en la industria que en los centros universitarios, en un México gobernado desde la ausencia de planos, de continuidad histórica, o desde la ausencia de gobierno del presidente en turno, un presidente gobernado más bien por sus emociones y pasiones, por sus rencores, prejuicios, obsesiones. El caso es que en México se gobierna desde una continuidad singular, la descalificación reiterada y el resentimiento; desde lo visceral sobre lo cerebral; desde lo coyuntural por encima de lo estructural. Ahora se suma algo más: se gobierna desde las «mañaneras», día a día, cada 24 horas. Gobernar es una tarea que se cumple o ejecuta al tanteo. Como dijo un día el actual presidente: «Gobernar en México no tiene ciencia». Resulta, sin embargo, indispensable pensar, interrogarse a sí mismo, cara a cara al término de cada jornada. Requiere discernimiento. ¡Qué palabra esta, discernimiento! Saber si algo es qué o qué. Y volver a las preguntas, una crucial del gobernante: ¿Por qué estoy haciendo lo que hago, por qué? ¿Qué me motiva en realidad? Se trata de un diálogo inusual que, en un gobernante, del que pende la vida de millones, es indispensable. El diálogo íntimo del presidente con el interlocutor cruel que debe y tiene que existir en él. Tiene que... Pues, si no lo tiene, debe convocarlo. Se trata de una pregunta que, ante el interlocutor insobornable, adquiere el significado de un acto de humildad, una admirable confesión de ignorancia, una señal de respeto hacia quienes, sin deberla ni temerla, cargarán las consecuencias.

Humildad sería lo que uno puede leer en los conocidos versos del *Llanto por Sánchez Mejías* de Federico García Lorca cuando dice: «Aquí quiero yo verlos... Delante de este cuerpo con las riendas quebradas. Yo quiero que me enseñen dónde está la salida para este capitán...». Sí, porque hay algo —a poco más de dos años de gobierno de López Obrador

—que cada día él mismo pone en evidencia—: por un lado, su indiscutible aptitud como activista opositor, capaz de convocar a millones a las urnas, y, por otra, su inocultable y crucial ineptitud como gobernante, capaz de ahuyentar incluso a los más lúcidos y honestos de sus colaboradores, entre ellos Carlos Urzúa (secretario de Hacienda y Crédito Público); Germán Martínez Cásares (director general del Instituto Mexicano del Seguro Social, IMSS), quien argumentó que «ahorrar y controlar en exceso el gasto en salud es inhumano... Ese control llega a escatimar los recursos para los más pobres»...; Javier Jiménez Espriú (secretario de Comunicaciones y Transportes); Asa Cristina Laurell (subsecretaria de la Secretaría de Salud); Jaime Cárdenas Gracia (director general del Instituto para Devolverle al Pueblo lo Robado, INDEP), y lo hizo con base en las corruptelas de los funcionarios que se robaban lo que se había devuelto; Víctor Manuel Toledo (secretario de Medio Ambiente)... y la lista sigue. Hablamos de un gran agitador social, de un eficaz opositor, y a la vez de un presidente cuya ineptitud le impide trazar un plan de gobierno con alguna dosis de congruencia entre lo que predica y lo que consigue. ¿Cómo superar esa dicotomía fatal para el país?

Eso, tan solo, hace la necesidad de las interrogantes de parte de quien gobierna un país tan diverso, tan complejo como México. Una nación con tantas necesidades. Las interrogantes a solas serían en este caso el núcleo de lo que sería en verdad la «honestidad valiente». Sin eso, lo demás no pasa de un autocomplaciente y triste juego de palabras. Demagogia. Por el contrario, la honestidad valiente del gobernante apela a la subjetividad como conciencia reflexiva, en aras de saber y conocer por encima de su ego superlativo y de las potencias mágicas. Humilde, pues, ante el espejo para decirse: *con las riendas quebradas yo pido que me enseñen... que me enseñen dónde está la salida...* ¿No, capitán?

Ante la historia interminable, seguramente cada mexicano tiene su propio mirador, una atalaya permeada por su experiencia personal. Yo tengo también la mía, desde donde veo ahora, al cabo de los años, algunos episodios ligados a mi vida, entretejidos con las hebras de la obsesión del poder total o del poder como obsesión. Me detengo un instante en un doloroso episodio ante el cual, sin haber contado entonces con una cabal conciencia del mismo, tal vez por mi juventud y mi natural inmadurez de entonces, no logré aquilatar en todas sus dimensiones y repercusiones la magnitud del impacto, y la compleja trama que lo desató, hasta costarle la vida a mis padres en el avionazo del Cerro del Fraile en junio de 1969. Cuando redacto estas líneas, la memoria viene hasta mí junto con lo que me atrevo a llamar «historia interminable». Al fin y al cabo, el «accidente» que le puso fin a la vida de mis padres forma parte de la trama cíclica, la trama del eterno retorno, la repetición en este caso criminal de lo mismo. No haré, desde luego, un recuento de nombres ni de hechos. Me importa ahora poner el acento en las consecuencias fatales, pues implica no estar en absoluto dispuestos al cambio, dispuestos a aprender, a corregir, a pararse ante el espejo, de cara al interlocutor cruel que hay en uno, lleno de interrogantes en busca de mejorar, de una mejora continua para bien de los demás y, obviamente, de sí mismo. En el caso que comento, no solo mis padres fueron las víctimas. Como se sabe fueron todos los pasajeros, entre ellos el gran tenista mexicano Rafael «Pelón» Osuna. Es la historia interminable lo más parecido al nido de la serpiente, la cuna de origen de una subcultura criminal en todos los sentidos, capaz de jugar con la vida familiar e individual de cada mexicano. ¿Por qué? ¡Porque puedo!

*

Desde esa verdadera locura de gobernar permeados por nuestras taras, que nos han costado tan caras, me vino a la mente la figura de Ulises, el legendario héroe de Ítaca, el amor de Penélope, y en este caso llegó a mí la venganza cruel de Ulises contra los pretendientes de su esposa y el control del poder y su riqueza. Por alguna razón que no sé imaginé que acaso en México padecemos el síndrome de Ulises, de aquel que sale de viaje y aventuras buscando conocer en sus andanzas el alma de la gente. Al final me pregunté qué aprendió Ulises después de tanto viajar, después de la destrucción y de los muertos de Troya gracias a su ingenio estratégico con el famoso caballo de madera. Me pareció fascinante advertir cómo una historia tan antigua puede ser leída desde tan diversos puntos de vista. Me preguntaba por el motivo que hizo llorar a Ulises. Porque, en efecto, como casi todos los guerreros de Homero, llora y emprende el regreso al punto de partida. Un regreso que no es otro que el tema de *Odisea*. Una «odisea» es el regreso a Ítaca, el punto de partida, donde Ulises no logrará sofocar su sed de venganza contra los diversos pretendientes o aspirantes. Y el gran Ulises no perdona, planea la venganza y acaba con todos. Allí comenzará otra historia, o la misma historia, pues tras la muerte de sus adversarios, sus deudos buscarán a su vez vengar a sus difuntos... ¿Qué hay, pues, en el alma de la gente? ¿Cómo lidiar con los resentimientos, el orgullo herido, el afán de venganza? ¿A dónde conduce que no sea más destrucción y más muerte? Tanto andar por los mares aquellos, el Mediterráneo frente a lo que ahora es Sorrento, y al final, otra vez hacia el punto de partida. ¿Algo constructivo después de haber estrechado el alma de la gente?

«Odio» se oculta tras la sed insaciable de «venganza». En un libro memorable sobre la guerra de Vietnam en tiempos del presidente Richard Nixon en los Estados Unidos, un agudo analista comenta cómo al presidente Nixon lo desgastó hasta acabarlo el odio a sus enemigos, entendiendo por enemigo a cualquiera que cayera dentro de su campo visual o no concordara con él. Le gustaba exhibirlos y humillarlos. Al final acabó humillado y exhibido. Creo sinceramente que el presidente López Obrador —como sentenciara George de Santayana—, por ignorar la historia la está volviendo a vivir en carne propia.

Desde Ulises me hallé ante otra figura legendaria, don Quijote, el de la triste figura, que sale montado en un corcel de sueños para volver también al punto de partida montado en una pesadilla. Todos saben que el caballero andante salió a la calle con su mente medieval. Tal vez quería ver el río, o detenerse junto a la orilla y mirar largamente, a sabiendas de que el fluir manso del agua tranquiliza y cura. Dicen que el río fluye de una edad a otra de la historia. Ya en la calle, de lleno en los caminos polvosos, el caballero andante que dejaba atrás la gloria encerrada en los antiguos palacios no logró reconocer el mundo real desde la montura de su corcel de sueños, confundiendo lastimosamente las aspas de la energía eólica con poderosos gigantes enemigos.

A simple vista parece una historia verdaderamente cómica. Pero no. Dulcinea no era lo que imaginaba. Ni la venta otro palacio. Se antoja increíble cómo lo aparentemente cómico guarda lo dramático; es el caso cuando en un lapso súbitamente breve el Quijote tuvo enfrente una locura todavía más grande que alteró por completo el escenario de su vida, aunque lo verdaderamente importante para él siguió siendo la huella mágica albergada en su alma, huella que nadie ya podría quitarle. Ni Sancho. Nadie.

Escribo estas líneas durante los días en que los mexicanos no nos resignamos ante el fallo de la Suprema Corte de Justicia de la Nación (SCJN) que le abrió la puerta al ánimo de venganza del presidente López Obrador. Más allá, sin embargo, como lo han comentado diversos analistas de fondo, con su fallo la Corte ha abdicado su responsabilidad, abriendo de hecho la puerta a la generación de una tiranía en el país. Por si fuera poco, alimenta el profundo resentimiento del presidente contra algunos exmandatarios, contra los cuales se apresta a montar una franca y abierta cacería en su contra, por encima de toda instancia democrática e institucional.

¿Debería citar aquí a otro clásico del Siglo de Oro español? ¿*Fuenteovejuna*, por ejemplo? La práctica aparentemente superada del linchamiento desde el poder feudal sobre los siervos de la gleba, o sobre los «siervos de la nación». He aquí entonces, entrado ya el siglo XXI, una vuelta más en sentido contrario. Una vez más el regreso, bajo el amparo de la popularidad, como en tiempos de López de Santa Anna, quien se daba el lujo de volver una y otra vez a la presidencia.

¿Será que solo deberemos resignarnos a que nos parezcan tristemente breves los 25 años de experimento democrático antes de su caída final? ¿Solo nos tocará añorarlos? Y a millones de jóvenes ¿qué les tocará? Lo planteo como pregunta al conocer en un medio de comunicación una pregunta que me ha desconcertado al buscar minimizar o exculpar la responsabilidad de la SCJN. Dice la pregunta: «¿Qué hubiera pasado si la Corte SIMPLEMENTE decreta la inconstitucionalidad de la consulta propuesta por el presidente de la República?». ¿Simplemente? ¡No se trataba de otra cosa!

Estoy convencido de que la decisión constituye uno de los puntos de inflexión más grave de los últimos 25 años, cuando inició en México un complejo, lento y complejo camino hacia la democratización de México, a base de contrapesos institucionales contra el país de un solo hombre. De consecuencias graves la sesión del pleno de la Corte del 1.º de octubre del 2020. Una sesión que pasará a la historia como el momento en que el tribunal constitucional se doblegó ante el presidente de la República, al aprobar una consulta popular a fin de determinar si se aplica o no la ley, si se hace o no justicia. Una sesión donde fue el propio presidente de la Corte quien, contra toda cortesía política, inició los alegatos para pronunciarse con fundamentos ya no jurisdiccionales, sino claramente políticos. Una sesión en la que el tribunal constitucional violó la Constitución. De ese tamaño es el hecho. Violó la Constitución, y lo hizo con el argumento de «hacer efectivos los derechos de participación ciudadana... y abrir las puertas de la vida institucional a quienes históricamente han estado excluidos de ella». Lo hizo, hay que decirlo, contra la impecable consideración del proyecto de dictamen del ministro Luis María Aguilar, que demostraba que la intención del presidente López Obrador era en verdad un «concierto de inconstitucionalidades». Aun así, el ministro presidente de la Suprema Corte, Arturo Zaldívar, llevó al tribunal a doblegarse ante el poder del presidente de la República.

Si todavía hasta ayer habíamos avanzado en términos de Estado de derecho, y por tanto en términos de generar certeza jurídica y confianza en el mundo de nuestro tiempo, desde ayer hemos vuelto al punto de partida. O más atrás todavía, a un pasado superado contra el cual López Obrador se pronunció a lo largo de décadas como líder opositor implacable, como lo hizo el 7 de abril del 2005: «Acuso también por complicidad al presidente de la SCJN por supeditar la justicia y la Constitución a las meras consignas políticas ordenadas por los intereses del momento...». Pues bien, es lo que acaba de hacer 15 años después.

Más, sin duda, mucho más que una incongruencia, la del ahora presidente de la República, Andrés Manuel López

Obrador, se llama traición a México, una traición también al implacable líder opositor que fue durante tres décadas. Y desde luego al juramento a la hora de tomar posesión del cargo: «Juro guardar y hacer guardar la Constitución y las leyes que de ella emanen... de no hacerlo que la Nación me lo demande».

CAPÍTULO 2

La rueda fatal donde México muere

La historia del tren que nunca llega

LA HISTORIA interminable se conjuga como los verbos, desde la primera persona del singular hasta la tercera del plural. Todos somos sujeto y hemos empujado de una u otra manera la rueda fatal de las oportunidades perdidas. La rueda fatal donde México muere. Muriendo un poco cada seis años.

En el año 2000 se abrió, tras una larga historia, la posibilidad del gran salto a una democracia real. ¡Por fin la alternancia en la Presidencia de la República! El anhelo hecho realidad: el PRI fuera de Los Pinos y el inicio de un gobierno cuya esperanza más codiciada en la mente y en el imaginario social de millones de mexicanos pasó por la construcción de un nuevo paradigma en el orden de la política y de hacer política; un nuevo paradigma orientado a ponerle fin a la «dictadura perfecta». ¿Qué pasó o qué nos pasó? ¡Faltaron los planos! Otra vez faltaron los planos, y el anhelo comenzó a morir casi el mismo día en que nació. A falta de planos, quien debía ser el gran arquitecto se hundió en un mar de ocurrencias y de frivolidades. Faltaron los planos y faltó el hombre.

Sin los planos y sin el hombre, lo que debía ser una construcción orientada hacia un nuevo régimen —ya no de partido de Estado— no pasó de ser una transición de tramoya, toda vez que no surgió de abajo hacia arriba, desde la sociedad misma y su participación más allá del voto. De tramoya porque fue inventada en Los Pinos, con la marca del autoritarismo y del voluntarismo presidencial, motivada en buena medida por el resentimiento. Una transición con una falla de fábrica, pues, al carecer de una definición fundacional, Vicente Fox, el hombre equivocado en la presidencia, la pintó con los colores de su carácter y personalidad chocarrera. Privilegió la descalificación y difamación de sus adversarios, y literalmente se durmió… en sus laureles. Lo de siempre fueron las consecuencias derivadas de la conjunción funesta para el país entre el tamaño del proyecto y la preparación del hombre para llevarlo a cabo. El proyecto valía la historia toda de México. Sin embargo, faltaron los planos y faltó el hombre. El hombre capaz de advertir lo que en verdad estaba en juego.

Hubo alternancia en la Presidencia, pero no transición. Parte de ese proceso trunco fue la decisión tomada por el presidente Ernesto Zedillo de abrirle el paso —a pesar de que no cumplía con los requisitos legales— a Andrés Manuel López Obrador como candidato a Jefe de Gobierno del entonces Distrito Federal en la capital de la República. Tal vez la cabeza del presidente albergaba la idea de que si perdía el PRI moría la «dictadura perfecta» e iniciaba en automático la transición a la democracia. Voluntarismo puro. A dos décadas del experimento seguimos en lo mismo: ha habido alternancia, pero cojea la democracia, al grado de que con Andrés Manuel López Obrador ahora en la presidencia México ha iniciado la restauración del autoritarismo o del país de un solo hombre. Un regreso a lo más nefasto de la «dictadura perfecta».

Retomando y matizando el punto en materia de planos, sí hubo documentos, estudios y proyectos, hubo propuestas, hubo también especialistas y equipo, hubo exposiciones ricas en perspectivas de futuro y sensatez política, sobre todo antes de iniciar la nueva Administración de cara al siglo XXI. Hubo millones de hombres, mujeres, jóvenes de todas las edades y condiciones sociales esperanzados a tope. Lo que no hubo fue un presidente capaz de comprender. ¡Qué palabra! Comprender lo que aquellos especialistas y expertos ponían a su consideración. Hace unos años me parecía claro que ante el hombre equivocado se equivocaban también los mejores hombres de su equipo. Hoy vale la pena sopesar, de nueva cuenta, el valor de los temas y proyectos que pasaban por las manos del presidente para apreciar cuánto se dejó ir, cuánto se tiró por la borda en aquella que fue una de las oportunidades perdidas más propicias para sacar al país adelante y ponerlo en la órbita del mundo global en marcha. Un mundo que ponía en el centro de su quehacer la confianza, pues se trataba de enamorar a los inversionistas para traer capitales a México. Confianza, una enorme palabra, tan grande como puede ser México y su gente. Por desgracia, el primer gobierno de la llamada transición, con el presidente Vicente Fox a la cabeza, se conformó sólo con sacar al PRI de Los Pinos, aunque a la postre acabó también sacando a México del mundo.

Recuerdo haber leído en aquellos días un libro formidable de Porfirio Muñoz Ledo. He ahí una inteligencia aguda y privilegiada para un proyecto como el que se reclamaba. Un hombre culto, respetado afuera y adentro, un hombre con experiencia, visión de Estado y de futuro. Revisando sus páginas encuentro algunas líneas subrayadas desde entonces, hace casi dos décadas, cuando leí su libro *La ruptura que viene*:

> Estas propuestas se corresponden con el mandato que usted recibió de los ciudadanos [...] se fundan en la certidumbre de que la alternancia en el poder no es toda la transición democrática sino apenas su inicio [...]
>
> La experiencia de otras latitudes apunta a la inevitable suscripción de un nuevo pacto nacional. Obra que tiene mucho de demolición y mucho de reconstrucción [...]
>
> Fuerza es arriesgar un cambio más profundo y levantar un proyecto cabal de país. La tarea es política y, en última instancia, cultural. (P. 74)

Desde entonces he tenido la impresión de que Porfirio Muñoz Ledo tenía en mente las experiencias de Chile y la Concertación tras la dictadura de Pinochet, y la de España y el Pacto de La Moncloa tras el franquismo, experiencias donde lo que brilla es la inteligencia política estratégica, la capacidad de aprendizaje de los liderazgos políticos, la generosidad a la hora de pasarle por encima al espíritu de secta y de filiación ideológica mezquina. Por eso *concertación* en Chile y *pacto* en España. (¿No es triste que hoy, ante López Obrador, Porfirio, ese hombre inteligente y culto, baje la cabeza?).

Me preguntaba entonces dónde estaba o por dónde andaba la cabeza loca del presidente cuando se le proponían estos conceptos y principios clave para un gobierno, en función del cual se perfilaba la existencia y el porvenir de millones de familias de nuestro país. Estaba claro que la ausencia de planos significaba carencia de pensamiento. Ni más ni menos. Pensamiento estratégico, lo cual en la presidencia de México sería un lujo. Por lo mismo jamás se supo en esos años hacía dónde se iba. Menos todavía para dónde se debería ir. Así las cosas, me parece que al final fue una ilusión de los expertos y especialistas creer que un hombre sin conocimiento del mundo, sin cultura ni formación, podría asimilar cuánto ponían en sus manos. Hubo ceguera por y desde todos lados, incluida la ceguera de haberlo llevado a la presidencia, donde seguramente desempeñó un papel crucial la fascinación de las mayorías —el hombre masa, a fin de cuentas— ante la demagogia que ofrece bajarle a cada uno su estrella del firmamento, manipulando así los agravios y anhelos legítimos de progreso. Por fortuna hubo expertos como el doctor Julio Frenk Mora, que en la Secretaría de Salud creó esa obra envidiable del Seguro Popular (hoy destruida por López Obrador). Y en Economía y Relaciones Exteriores el doctor Luis Ernesto Derbez (actual rector de la Universidad de Las Américas de Puebla). Por nombrar solo algunos. El doctor Julio Frenk (hoy presidente de la Universidad de Miami, en los Estados Unidos) fue una aguja en un pajar.

Más allá, sin embargo, visto desde la actual Administración, ¿no es la historia del eterno retorno? ¿La rueda fatal de las oportunidades perdidas? ¿La rueda donde México muere un poco cada seis años? Ayer con un primer mandatario a quien las ideas lo sorprendían y hasta lo asustaban. Hoy ante un gran líder opositor que, a pesar de sus limitaciones y extremismo ideológico, llegó a ser presidente de la República con la misma bandera de transformar a México. Una gran bandera, y una oportunidad enorme para una sociedad con tantos desafíos en todos los órdenes, con abismos casi insalvables en términos de pobreza y desigualdad, con rezagos históricos en materia política, empezando por el reto de construir un régimen genuinamente democrático. Sin embargo, próximos a la mitad de su mandato, todo parece indicar que vamos otra vez a la deriva, en medio de un desorden y un caos descomunal generado por la ineptitud desde muy arriba hasta muy abajo.

Con una mente muy clara para la demolición de los avances democráticos de los últimos años, sobre todo en materia institucional, pero ciega, sin brújula o con una brújula descompuesta, sin atinar en la construcción... ¿Sí se sabe hacia dónde vamos? ¿Dónde radica la ruta conceptual y crítica de la 4T? ¿Quién tiene el mapa estratégico de eso, si es que eso existe?

Lo único cierto es que, tanto ayer como ahora, no hay una carta de navegación en la mano, no hay ruta, metas o puertos intermedios, no hay resultados previstos ni evaluaciones. En otras palabras, no hay planos ni estrategia; nadie en su sano juicio podría negar que otra vez se están generando condiciones y tendencias que, lejos de hacer avanzar al país, lo están llevando a retroceder aún más. ¿Hasta dónde? ¿Quién podría saberlo, o imaginarlo, cuando la capacidad de destrucción muestra ser infinita? Por lo que sabemos, millones de mexicanos temen que al cabo de su mandato el presidente López Obrador nos deje un país sembrado de escombros… y nada de los pilares de la nueva construcción. Ante un presidente que «gobierna» con una «estrategia» de 24 por 24, me atrevería a pensar que tampoco él lo sabe. ¿Recuerdan la película *Zorba, el griego*, con el actor Anthony Quinn como protagonista? Un bello canto a la chapucería.

Botones de muestra sobran cuando la ignorancia y la ausencia de estrategia y de contención verbal, unida a la desmesura ideológica y al delirio ciego de refundación, conducen al desastre y a la extinción de instituciones clave de la República, en aras de la concentración del poder en un solo hombre; cuando la desaprensión política alinea a los tres poderes de la debilitada República liberal y democrática en la figura del presidente, dejando al país, de nueva cuenta, ante una grave regresión, condenándolo a un estadio tan retrógrado y más peligroso que los peores momentos de la «dictadura perfecta» que se anhela superar.

La dictadura perfecta era *perfecta* porque, vestida con las instituciones propias de la democracia liberal, se encarnaba simuladamente en un régimen autoritario. Lo grave es que hoy México camina hacia una dictadura *desnuda*. ¡Al diablo las instituciones! Ante tanta limitación del pensamiento puede comprenderse que al presidente López Obrador le haya parecido que «gobernar no tiene ninguna ciencia», de donde procede el increíble desdén por la academia y los estudios, los expertos y especialistas, la ciencia, el conocimiento, el arte, la cultura, las tecnologías, y el despropósito mayor dirigido a desbaratar la imperfecta pero perfectible construcción institucional calificada de «corrupta» a partir de un arrebato ideológico fundamentalista. Ante ello, la refundación de México, de arriba a abajo, equivale a lavarlo de sus pecados, para que renazca purificado desde sus cenizas, y Él ascendiendo a las alturas como Remedios la Bella, la figura fantástica de Gabriel García Márquez. ¿No es demencial? Es lo que está sucediendo en el México de la 4T. ¿Habrá alguien en su equipo capaz de advertir tamaña insensatez? Yo creo que sí lo hay. Y más de uno ya no calló. El último (hasta el momento en que escribo), el último de una lista que crece: Jaime Cárdenas, el constitucionalista que no se hizo de la vista gorda ante la corrupción en el Instituto para Devolverle al Pueblo lo Robado (vaya ironía). El lector puede consultar vía digital su impresionante carta de renuncia.

La pregunta, entonces, sería otra: ¿Hay alguien más con el valor… o «les vale»? ¿O vale más la perspectiva personal del silencio? Desde fuera del Gobierno, José Luis Luege —ex director general de la Comisión Nacional del Agua (Conagua)— es uno de los que no calló ante las inundaciones de

Tabasco y responsabilizó directamente al presidente López Obrador por ordenar el cierre del Plan Hídrico de Tabasco, un programa impulsado por el Gobierno de Felipe Calderón en el 2007 con el objetivo de reducir las afectaciones derivadas de las inundaciones recurrentes en la zona, una tragedia que pudo haberse evitado si el presidente López Obrador le hubiera dado continuidad al programa. Por el contrario —denunció José Luis Luege—, lo que hizo el Gobierno de la 4T fue despedir a los técnicos especializados, quitarle el presupuesto y desaparecer la Dirección de Atención de Emergencias, en tanto había eliminado los recursos para obras de protección y mantenimiento, y cancelado el Fondo de Desastres Naturales (Fonden).

En el colmo de la ignorancia y la incompetencia, el presidente López Obrador, tras la tragedia, anunció la novedad de «crear una comisión del río Grijalva, sin aparatos burocráticos ni nada de eso, con un responsable del manejo de las cuatro hidroeléctricas de Grijalva: Angostura, Chocoasén, Malpaso y Peñitas». Solo que las funciones que enumeró al respecto ya estaban consideradas justamente en el Programa Hídrico Integral para Tabasco desde el 2007..., el mismo que canceló porque había sido obra del Gobierno del presidente Felipe Calderón. Bueno, son las consecuencias del rencor y las venganzas del presidente López Obrador, que dejaron un saldo de casi 30 fallecidos, 100 000 viviendas dañadas y más de 300 000 damnificados, según las autoridades del estado de Tabasco. Fue lo que José Luis Luege no se calló ante un presidente que no es dado a escuchar.

Para ser justos, tampoco calló en su momento el gobernador del mismo estado, Adán Augusto López, cuando acusó directamente al director de la Comisión Federal de Electricidad (CFE), Manuel Bartlett, de haber hecho una labor irresponsable con la presa de Peñitas. Tan irresponsable, que el mal manejo de esta presa fue lo que, según el gobernador, derivó en las inundaciones.

En tiempos del presidente Fox los especialistas de su equipo (y los de fuera de él) lo llamaban a escuchar y a hacerse responsable de emprender, con el concurso de *todos* los sectores de la sociedad, una sólida arquitectura institucional. Con esas palabras lo invitaban. Subrayo la palabra «todos». No lo hizo. Conservó lo que había. Visto el país hoy en demolición, en buena hora Fox no fue más allá. Tuvo ese arrebato de modestia, a la postre para bien del país. Hoy la ausencia de modestia confunde construcción con destrucción.

Tampoco me puedo imaginar la decepción de Muñoz Ledo tras dos décadas de arar en el mar, dos décadas batallando para sacarle agua a las piedras. Lo digo porque, desde afanarse ayer con Fox hasta afanarse hoy con López Obrador, no ha logrado una. A un hombre preparado e inteligente como él se le ha ido la vida entre tanta ignorancia. Peor ahora, pues lo que teníamos de República, desde luego en un progresivo proceso de construcción y de reformas, hoy se encuentra en temporada de ofertas y liquidación. Parafraseando a una novela espléndida de Paul Auster, temo que México haya empezado a ser «el país de las últimas cosas». Escrita en 1987 con ese título, la novela trae un epígrafe de Nathaniel

Hawthorne: «No hace mucho tiempo, penetrando a través del portal de sueños, visité aquella región de la tierra donde se encuentra… la famosa Ciudad de la Destrucción».

Por su parte, Paul Auster dice desde las primeras páginas:

> Lo que realmente me asombra no es que todo se esté derrumbando, sino la gran cantidad de cosas que aún siguen en pie […] Continuamos viviendo nuestras vidas y cada uno de nosotros sigue siendo testigo de su propio y pequeño drama […] ¿Es eso a lo que llamamos vida? Dejemos que todo se derrumbe y, luego, veamos qué queda.

Herencia maldita denominaron algunos observadores a lo que dejó el Gobierno del presidente Fox. Una sociedad otra vez en vilo y con el pasado a cuestas, una sociedad sin partido de Estado, pero dominada por el descontrol y la violencia con un Estado precario. Al cabo de los años, una periodista mexicana escribió el epitafio de esa tristemente repetida historia:

> Hoy, qué lejos se ve aquella fría tarde del 18 de febrero del 2000, cuando en el atrio de la iglesia de San Juan del Río, en Querétaro, centenares de ciudadanos se dieron cita en el lugar con una pequeña vela encendida y dieron la bienvenida al candidato de la Alianza por el Cambio, Vicente Fox, cantando el *Himno a la Alegría*. De pronto el cielo se cerró y una fina pero pertinaz lluvia comenzó a caer. La gente, desesperada, intentaba tapar la flama que menguaba en sus velas —símbolo de su esperanza— haciéndole casita con la mano

que le quedaba libre. La *Novena Sinfonía* de Beethoven seguía de fondo musical. Se ve tan lejos como el tren que nunca llegó.

Había sido el candidato del cambio. Había sido un espléndido y genial opositor. Fue también, en un tiempo tan corto como un suspiro, un hombre bravo, con el talante de un renovador. De pronto, como presidente, se aferró al orden existente, y con ello desaparecieron de su entorno la esperanza y el canto renovador. Luego dijeron quienes lo trataron de cerca que pudo y no quiso construir una nueva institucionalidad en el país. Legitimidad tenía. Otros dicen que no quiso por flaqueza intelectual y por pereza. Y otros: por ignorancia y mala fe. Le ganó su formación... mejor dicho su falta de formación.

¡Cómo y cuánto pesa la ausencia de cultura, de pensamiento, de pensamiento estratégico sobre todo! Y al revés, cuánto y cómo pesan las ocurrencias, los resentimientos, la venganza desde el poder. La seducción del poder es capaz de hacer «grande» hasta el delirio, como se ha dicho, a quien carece realmente de grandeza. Lo decía López Obrador en campaña por Tabasco: «El poder atonta a los inteligentes y a los tontos los vuelve locos... Los políticos se suben a un ladrillo y se transforman, caminan de manera distinta, se pavonean, se atontan por completo». Le ha caído encima, pues, el maleficio. Lo peor es que el maleficio está acabando el país.

El presidente ha repetido que no lo va endeudar. Pero ya lo hizo. No es otra la consecuencia de no saber, de no contar con una ruta pensada, estudiada desde todos sus ángulos y repercusiones. En el campo internacional, tanto expertos como organismos mundiales advierten con preocupación cómo México, una de las diez más potentes economías del planeta, se encamina hacia un futuro de mayor pobreza y desigualdad, aparte de oscuro y autoritario, peor aún que en el pasado. De acuerdo con los datos disponibles del Consejo Nacional de Evaluación de la Política de Desarrollo Social (Coneval), para mediados del 2019 —a un año y medio de iniciado el Gobierno del presidente López Obrador— debido a los efectos de la pandemia, junto con las decisiones erróneas en política social como en atracción de inversiones, México había incorporado al desempleo a 12 millones de personas y arrojado a la pobreza a más de 13 millones que habían salido de ella.

Es grave tomar las riendas de un país sin saber, como un pretendido arquitecto que, sin más que sus ocurrencias, manda echar abajo una columna del edificio ignorando que se trata de una pieza de la que pende la estabilidad del edificio entero. A tal grado resulta criminal la ignorancia o, si se prefiere, la audacia de un agitador megalómano y genial en la silla presidencial. Lo hizo Adolf Hitler hace casi un siglo, y tanto el odio y la venganza, como su demagogia, destruyeron a Europa, desatando la Segunda Guerra Mundial. Son las lecciones de la ira. El mismo talante que —con el presidente Donald Trump a bordo— llegó a convertirse en la destrucción para los Estados Unidos. Y el mismo que nos preocupa al interior de nuestra frontera, donde la política de la provocación y la mentira —como asegura Luis Carlos Ugalde— constituyen hoy por hoy la «expresión más vulgar de la demagogia y el populismo» en el Gobierno de la República.

Regreso al tema de la deuda, pues importa asomarnos a la elevada cantidad de recursos económicos y financieros que un agitador sin mayores conocimientos, ciego y sordo ante una sociedad que padece los estragos de la pandemia, tiró por la borda en menos de dos años.

De acuerdo con los especialistas, el Gobierno Federal había transferido a Petróleos Mexicanos (Pemex) al menos 162 000 millones de pesos: 97 100 en diciembre del 2019 y 65 000 en abril del 2020. Ese dinero ha hecho falta en la lucha contra la pandemia.

En el curso del 2019 —primer año de gobierno de la 4T—, las pérdidas de Pemex estuvieron por encima de los 700 000 millones de pesos, y de 500 000 millones solo en el primer trimestre del 2020.

Pemex está costando mucho y seguirá costando. Y eso es deuda. Las pérdidas de la empresa son deuda. Y suman ya 1,3 billones de pesos (once ceros a la derecha). Si se quitara la parte contable (contrato colectivo y pérdida cambiaria), las pérdidas operativas serían de 600 000 millones de pesos en 15 meses. Digamos 40 000 millones por mes. De ese tamaño es la deuda de los mexicanos.

En el caso de la cancelación de la construcción del Nuevo Aeropuerto de México, NAIM, Andrés Manuel López Obrador destruyó más de 8000 millones de dólares. Es dinero que se pagará a acreedores (bonos en el exterior y Fibra E) sin recibir absolutamente nada a cambio. El costo de oportunidad se ha calculado en unos 145 000 millones de dólares.

Una deuda que deberemos pagar todos; primero los pobres, desde luego. ¡Una deuda enorme sin siquiera haber contratado deuda! Una deuda que ya es más que una deuda convencional, pues lo perdido en estos dos años no se podrá recuperar jamás. De la destrucción y el tiradero de recursos derivan los recortes a los salarios, los recortes en los órdenes de la salud, el desabasto de vacunas, de medicinas para los niños con cáncer, el cierre de oficinas públicas. De ahí la avidez del Presidente de apoderarse de los recursos de los fideicomisos destinados a la investigación científica, la protección de víctimas de la violencia y el crimen, el arte, el cine y la cultura, y miles de damnificados y millones de enfermos. ¿Por qué? Porque el Gobierno tiró todo, porque el Gobierno está desnudo. Porque sin una estrategia clara de construcción gana su enorme capacidad de destrucción de vidas humanas, comenzando por la extinción del Seguro Popular, de la confianza y la seguridad en materia de energía, para producir electricidad de forma criminal, a base de carbón y combustóleo, dos poderosos contaminantes del ambiente. Otro crimen de la 4T. Y faltan las sanciones de los organismos internacionales, ya que México ha firmado acuerdos y tratados internacionales en la materia. Es el precio que se paga por el lujo de tener en la Presidencia de la República al hombre equivocado para un proyecto que le ha quedado grande a la mente de un agitador, en un escenario mundial de elevada complejidad. Un proyecto que requiere pensar —¡qué desafío para quien solo sabe crear conflictos, mas no resolverlos!—, pensar más allá de un horizonte de 24 horas. Por eso se derrumba el país. Por eso está y estará al borde de la pérdida del grado de inversión. Porque es ya «el país de las últimas cosas».

En suma, ¿cuál es el origen del lugar donde estamos? Haber abandonado el timón y haberlo cambiado por el micrófono de cada día. Un acto simple, pero donde su precariedad muestra la carencia de talento para imaginar, para planear caminos de largo plazo, para construir escenarios y adelantarse así a lo inesperado pero posible. El origen radica en un presidente que manda, pero que no está al mando, en el timón de mando. Un estar que es infinitamente más que mandar, que dar órdenes o instrucciones políticas de rutina. A la deriva significa eso precisamente: el timón moviéndose por su cuenta, trazando su camino sin orden ni concierto. Si hasta Morena va a la deriva. ¿Y la batalla contra la corrupción? Para saber basta el informe del Instituto Mexicano para la Competencia Económica (IMCO), que muestra con cifras cómo en el Gobierno del presidente López Obrador reinan las adjudicaciones de contratos directos y menos licitaciones conforme a la ley que en cualquier año del Gobierno del presidente Peña Nieto, el más corrupto de los últimos sexenios. ¿De qué estamos hablando? Hablamos de que López Obrador en parte soltó el control y en parte perdió el control. Resultado: el país a la deriva. Lo que no ha soltado, y no soltará, será el micrófono. Como todo niño con juguete nuevo. Por supuesto que tal manera de «gobernar» no requiere ninguna ciencia.

¿No es la historia interminable? ¿La rueda del tiempo donde México muere un poco con cada oportunidad perdida? ¿La historia del tren que nunca llega? Está claro que ahora México muere más que ayer; muere en todos los frentes, desde la muerte sembrada por el crimen organizado, que funciona como un componente de la ilegalidad abierta que ha comenzado a imponerse a sus anchas con la «estrategia» de abrazos y no balazos, mientras balazos y más balazos cruzan de lado a lado las banquetas. Entre tantas extinciones, se trata de la paulatina desaparición del orden jurídico. Tanto así que se acumulan los amparos (y los que vienen), nacionales y extranjeros, en un contexto que bien podría caracterizarse como «un concierto de inconstitucionalidades», según la certera sentencia del ministro de la Corte Luis María Aguilar. En un México enfrentado a la destrucción y la muerte desde los cuatro puntos cardinales. Y más.

CAPÍTULO 3

¿Por qué todo se nos pudre?

Escombros por doquier

Voy ahora un paso más atrás en la rueda fatal. ¿Tuvo también el presidente Ernesto Zedillo la mesa puesta para continuar con el proceso orientado a sacar al país del hoyo donde lo dejó el populismo de los setenta, y continuar con el proceso de reformas? Estoy convencido de que así fue, ya que entre lo mejor del Gobierno del presidente Carlos Salinas, sobre todo en sus tres primeros años, cuenta el impulso reformador con la mirada puesta en el futuro. Eso era desde ya una ruptura con la historia interminable. Hacia el pasado, solo para ver cuánto había que superar; hacia adelante, mucho que construir y revertir, romper la inercia de una cultura atrapada en el progreso improductivo de una visión de puertas hacia adentro.

¿Qué mostraba el escenario mundial? La pregunta me parece clave, porque la respuesta muestra que el impulso reformador no fue una mera ocurrencia. Menos aún ante el escenario nacional con un país abatido por el populismo. El escenario mundial enseñaba un acelerado y amenazante proceso de cambio propiciado por una auténtica revolución tecnológica; amenazante en aquellas zonas del planeta con rezagos ancestrales, y por tanto con dificultades para remontar su propia historia y sus inercias, zonas cerradas al contacto con el exterior casi por tradición cultural y política, cerradas a la competencia y, a la postre, ancladas en la pobreza y la desigualdad, tratando de ser modernas y logrando solo una modernidad deficiente. En ese marco disyuntivo —reformas para salir del hoyo por medio de un encuentro con los países desarrollados o levantar una «muralla china» y defender «lo nuestro» subdesarrollado— tuvo lugar la disputa presidencial de 1988, en la que Salinas ganó en un contexto muy polarizado, tras una elección muy competida y controvertida. En el fondo se disputaba más que la mera silla presidencial. Al paso de los años, hoy se puede advertir con serenidad —más allá de ideologismos— que estuvo lejos de ser una elección más.

Estaba en juego, según importantes académicos de aquellos años (Sergio de la Peña, Luis Rubio, Cristina Puga, Celso Garrido, Rolando Cordera), la entrada de México en el nuevo mundo global emergente o quedarse fuera. Se jugaba todo ante corrientes de pensamiento y de acción poderosas, como la encabezada por Cuauhtémoc Cárdenas y la perseverancia de su lucha por la democracia, que en esos años difíciles le abrió nuevos horizontes al país. Con todo, su visión no alcanzaba para abordar los desafíos de un mundo que, ante la proximidad del siglo XXI, llamaba a ir más lejos, y por una vía que ponía en jaque a nuestro nacionalismo de trocha angosta, un nacionalismo por donde habían transitado los viejos ferrocarriles de la Revolución mexicana. ¿Por dónde debían caminar México y la democracia ante las circunstancias impuestas por los paradigmas del cambio tecnológico impulsado por los países desarrollados? ¿Cobijado con el nacionalismo de nuestra Revolución mexicana o ensayando una redefinición desde un nuevo proyecto nacional? No fueron preguntas ociosas, menos aún si se considera la compleja conversión que planteaba abordar una visión de la economía enfocada en el comercio exterior y la integración de México en un mercado común, una integración ni más ni menos que con los Estados Unidos y Canadá, un desafío lleno de riesgos y a la vez de oportunidades.

Frente a los cambios tecnológicos del mundo de entonces, que modificaban radicalmente la cancha de juego (al grado de que echaban abajo las economías del mundo socialista sin disparar un tiro), los paradigmas productivos pasaron de un día para otro a fincarse en un punto desconocido e ignorado por las economías cerradas: la competencia efectiva y real en los mercados. De eso pasaba a depender la supervivencia de las sociedades y culturas del planeta entero, independientemente de su ubicación geográfica. Algo que los países del mundo socialista como China y Vietnam llegarían a comprender a tiempo: que sin crecimiento económico, sin productividad, no hay lucha que valga para la superación de la pobreza y la exclusión social. Insisto: se aventuraron a dejar atrás buena parte de la mitología revolucionaria y tomaron la integración y los mercados globales como una oportunidad.

A la hora en que esto escribo, cuando la pandemia por covid-19 arrecia otra vez en el mundo, Vietnam no tiene un muerto en su territorio. Ni uno. Y conste que fue el escenario de una guerra devastadora en los años sesenta. Con la misma sabiduría lo entendió la Alemania Federal: se crece y se progresa de la mano del mercado, se distribuye bienestar social de la mano del Estado. En esta tesitura, Alemania incluyó a la parte alemana socialista hundida en la pobreza y el desempleo bajo el modelo estatista a ultranza.

De ese tamaño era el desafío en México, y nuestro nacionalismo debía mirarse y evaluarse a sí mismo para superar su contenido proteccionista, defensivo frente al exterior. Sin duda la elección de 1988 era crucial. Se elegía más que un nombre u otro. Se elegía una visión, una vía para transitar hacia una cancha de alta competencia y permanecer vivos. Una tarea que el populismo jamás podrá conocer, aceptar y poner en marcha, porque para la estrecha visión populista la generación de riqueza es un pecado propio de los mercaderes del Templo. Producir y competir es un mantra del demonio. Por eso el derroche, por eso el populismo tira la riqueza, la dilapida sin más. A fin de cuentas la pobreza tiene un efecto purificador.

Me detengo en la frase «independientemente de su ubicación geográfica», pues tengo en mente que por entonces las incipientes tecnologías, que luego serían la base de la revolución digital de nuestros días, ya estaban conectando al mundo, a las personas, las ideas, los acontecimientos, avances y retrocesos, las novedades: todo lo que desató las amarras que mantenían a los países y a las sociedades, las personas, los procesos y las culturas cerradas en sí mismas. Una verdadera revolución en marcha. Y había que atenderla. Una revolución cuyos líderes no eran agitadores sociales; al contrario, venían de las ciencias duras, de las tecnologías, de las universidades, no cabecillas de la destrucción anárquica en las ciudades, más bien revolucionarios que integraban al mundo por medio de eficientes y sofisticados sistemas remotos. No bloqueadores de las vías del tren; eran constructores de trenes para el desarrollo. De esta revolución es hija la integración, y luego la globalización, que han hecho más pequeño el mundo y más grande y creativo al hombre.

En aquellos años próximos a los noventa —cuando en México nos jugábamos el futuro—, esa revolución se dejaba ver apenas en los juegos digitales que para entonces ya habían dejado atrás los juegos de mesa tradicionales. Incluso el clásico futbolito, donde dominan los movimientos rígidos y lentos. Es cierto que el cambio del mundo comenzó como un juego, y en un parpadeo pasó a ser el *game* mismo de la vida. La vida de las sociedades y de las personas, como de los países, vida que se aprontaba a ser vivida de una forma nunca antes imaginada por las siguientes generaciones. ¿Podría imaginarlo la mente de un agitador social?

Yo no podría afirmar que lo que vino después de 1981-1984 (cuando aparecen las primeras PC; una revolución dentro de la revolución) estaba en la mente de los candidatos en 1988 en México. Lo que sí puedo afirmar es que, sin duda, el mundo no era ya el mismo que habíamos conocido hasta los setenta, y que la llamada de ese mundo en ciernes era inocultable, irresistible, y que esa voz tenía que ver con asumir una apertura de horizontes, con acabar con nuestros bloqueos ideológicos y mentales.

Los ordenadores, se recordará, eran animales enormes ubicados en espacios también enormes en algunas universidades y otras instituciones. De ahí a pensar que acabarían en nuestros escritorios no estaba en la mente del común de los mortales. Mucho menos que en corto tiempo tendríamos literalmente el mundo en las manos con las *tablets* y los celulares inteligentes. Sin embargo, así sucedió, de tal manera que, si fue genial crear el ordenador, así fuera el animal enorme, fue una genialidad todavía mayor lo que vino después al poner a cada individuo en contacto con el mundo entero y a la vez al mundo a girar en nuestros escritorios, en las manos y la cartera. Un dato: en 1981 se envía el primer correo electrónico; para el 2012 se enviaban ya 144 000 millones de correos personales al día. La gente rompía ya todas las fronteras. El resto de la historia cualquiera lo conoce. Baste decir que para 1990 la *World Wide Web* dio otro paso descomunal. ¿Qué trajo la Web? Puso en circulación todos los datos que contenía el mundo; construyó una «tubería» por la que esos datos podían correr a una enorme velocidad hasta aparecer en cada uno de los escritorios de la gente; y al final la Web inventó un sistema para integrar o poner en contacto a todos los ordenadores en red. El mundo entero y sus datos todos en casa, sin que nadie, absolutamente, ni el presidente de la República pudiera cerrar ya esa frontera abierta.

Este es el mundo «más allá del mundo» en el que vivimos ahora, donde los países, las sociedades y las culturas se integran y entran en contacto a una velocidad en verdad vertiginosa. El mundo más allá del mundo de la Web, sin fronteras con el mundo real, el escenario donde se funden lo real y lo virtual, girando aceleradamente uno dentro del otro. El mundo donde ahora vivimos, producimos, compramos, nos divertimos, amamos y morimos. Un escenario que exige superar el bloqueo mental, que exige conocer, que impone saber, so pena de que, de no hacerlo, nos lleve inevitablemente al aislamiento y al fracaso. ¿Será capaz un populista cerrado de dictarle a un joven de hoy que no encienda su ordenador y deje de conectarse con el mundo? Seguro será capaz, de lo que no estoy seguro es de que el joven le obedezca.

A la luz de esto pongamos un ejemplo: ¿Con qué herramienta queremos acabar con la corrupción en México? Otro dilema disyuntivo. ¿Con una «Guía moral», apelando a un artefacto de otra edad histórica? ¡Por favor! Me he detenido en las páginas anteriores con el fin de advertir que, en efecto, el mundo cambiaba, y cambió a tal grado que ahora cuenta con las herramientas de la revolución digital que permiten transparentarlo todo. Lo que se llama todo. Herramientas derivadas de las ciencias y las tecnologías. Todo lo que el actual Gobierno de López Obrador desprecia, a cambio de un mundo oscuro y opaco, donde él se regodea consigo mismo, como el garante de que no haya corrupción. Vieja herramienta la de *Yo, el Supremo*. Buena, eso sí, para generar toda clase de favores y alabanzas de gratitud. ¡Por favor! Como si no fuera corrupción, a pesar de la prédica moral. ¿Será por eso que se han mandado a las bodegas las computadoras del sector público?

Regresando desde aquí al tema de la cerrazón ideológica y el nacionalismo de trocha angosta, diría que ante el cambio mundial que se avizoraba a fines de los ochenta fue en la competencia económica, y más allá en todos los campos, donde aquel espíritu reformista de la época observó el terreno propicio para la afirmación de un concepto de la soberanía nacional fincado en principios como la autoconfianza, la dignidad de la eficiencia y la productividad, de la competencia de las cosas bien hechas, tenido todo esto como los valores que se habrían de incorporar a la cultura nacional, aquellos que debían pasar a identificar a los nuevos mexicanos ante el mundo exterior. Ya no más la figura denigrante que por años había recorrido el planeta con un mexicano bajo su sombrero, durmiendo o derrotado bajo un maguey...

Hablo de parir un nuevo nacionalismo, hijo del movimiento impulsado por las tecnologías. No de la obsesión paralizante por las fronteras ni de la idolatría por la demarcación ideológica (conmigo o contra mí). Un nacionalismo activo, fuera de las zonas protegidas y no comunicantes. Se trataba, en efecto, de poner todo en movimiento, de tirar las «murallas chinas», de edificar espacios abiertos, destinados a ganarle la batalla a la mera opinión convertida en convicción fanática o a la verdad convertida en credo místico y ciego. Un nacionalismo capaz de arrastrar la verdad indiscutible hasta el cielo abierto y estrellado de la crítica. Un nuevo nacionalismo para desactivar el veneno de la ceguera ideológica. Para abrir las puertas de la ciudad sitiada.

Me parece que bien podríamos resumir con pocas palabras lo expuesto en páginas anteriores: la realidad se le movía a México al final de los ochenta y principios de los noventa. Se le movía toda la América Latina. Pues el cambio tecnológico del que hablamos significaba por otra parte la gran transición de la economía capitalista; de hecho, renacía como el ave fénix. Y esto, en última instancia, cambiaba la relación de nuestros países con sus referentes, que eran entonces (han sido y serán) los países desarrollados. Todo lo cual fue más que suficiente para que países como México advirtieran que corrían el riesgo de hundirse aún más en un subdesarrollo de nuevo cuño, y más atrasado —según observaban los expertos—. ¿Por qué más atrasado? La respuesta sonaba risible, por no decir absurda, pero decía algo cierto: un subdesarrollo más atrasado a consecuencia de la transfiguración del propio desarrollo, a raíz de la naturaleza del cambio tecnológico. Dijimos que acabó con el mundo socialista sin disparar un tiro, tras haberlo orillado a jugar en el campo de juego de la eficiencia y la competitividad; una cancha donde los instrumentos y recursos del Estado son insuficientes, más aun tratándose de un Estado precario, y peor aún, de un Estado populista. La caída del mundo socialista debía tomarse como una lección para nosotros los mexicanos.

México tenía al frente un hecho que no podía ignorar: los países desarrollados (su referente obligado) estaban dando un salto cualitativo que modificaba todos los procesos económicos y sociales determinados por la introducción y generalización de la incipiente tecnología digital a la producción, los servicios y el consumo. México no estaba siquiera en el principio, por eso corría el riesgo de quedarse solo, al margen, a la vera del camino. El diagnóstico se antojaba bastante pesimista si optaba por no ponerse del lado de la transformación del mundo. Recuerdo lo que dijo entonces Sergio de la Peña, un gran economista universitario de izquierda: «No se trata del fin de la historia, se trata de una historia diferente, con profundas consecuencias para los países del Tercer Mundo». ¿Por qué lo decía? Porque desaparecían los paradigmas de referencia en términos de desarrollo, de modo que observaba evidencias para sostener que, de pronto y por efecto del salto de los países desarrollados, pasábamos de la noche a la mañana a ser aún más subdesarrollados. De ese tamaño era el desafío.

Aquella revolución tecnológica capaz de alterar todos los paradigmas y poner otra cancha de juego en todos los órdenes, con desafíos todavía más elevados y complejos, no paró allí. Más bien siguió y ha seguido adelante, algo que se puede constatar en la vida cotidiana. Sin embargo, después del proceso de reformas iniciado tras la devastación populista, pese a todas las evidencias, México paralizó el proceso durante 18 años, tres sexenios consecutivos; y si bien no echó abajo lo avanzado, sí lo detuvo, enredando al país y a la sociedad entera en las entretelas de una grilla funesta. Algo se pudo recuperar después, al cabo de 18 años, con el gobierno de Peña Nieto, el vilipendiado «Pacto por México» y las reformas en educación y energía. Lástima que ese esfuerzo, a la postre, haya quedado deslegitimado por la frivolidad y corrupción imperante en su Gobierno, deslegitimado a pesar de su pertinencia, y aprovechado por Andrés Manuel López Obrador para echar abajo lo positivo del Pacto y regresar el país a los años setenta del siglo pasado, montado en el ya lento y viejo corcel del nacionalismo revolucionario, de espaldas al potro salvaje de la imparable revolución tecnológica digital que ha cambiado ya a todas las sociedades del planeta.

¿No es la historia interminable? ¿La rueda fatal donde México muere? Y otra pregunta, que ahora tomo de un gran mexicano como Luis González de Alba: ¿Por qué todo se nos pudre?

CAPÍTULO 4

El maleficio del odio y la venganza

¿Terminará un día?

DE VUELTA al país, al México de puertas cerradas o de puertas adentro, López Obrador deja a millones de mexicanos —entre ellos, primero a los pobres— con la soga en el cuello (agravado con la pandemia que le estalló en las manos, más que como anillo al dedo). Obcecado, ciego, sordo y a la defensiva, con la venda en los ojos y los tapones ideológicos del pasado, no alcanza a comprender que, tras la enorme revolución tecnológica en marcha, la integración —sobre todo de la economía y los mercados del orbe— es ahora más intensa que a fines de los ochenta. Cuando digo integración, importa subrayar una interiorización mucho más vigorosa de lo externo en las relaciones económicas de cada país, ya desde fines de los ochenta. ¿Podemos imaginar cuánto se ha intensificado la integración en los últimos años?

Al cabo de tres décadas es un hecho inesquivable, por más que López Obrador quiera darle la espalda. Desde aquellos años sucedía una mayor convergencia entre los mercados nacionales y los internacionales para todos los efectos del intercambio, fueran productivos, culturales, comerciales o financieros. Mundo integrado y complejo —entretejido, entramado, eso quiere decir complejo—, y se precisa comprenderlo antes que oponerse con un diagnóstico ideológico, sin estudios, sin planos ni planes, nada. Tan, tan entretejido, que los referentes mundiales que asomaban la nariz a fines de los ochenta empezaban a ser cada vez más determinantes en las normas para la competitividad, productividad, eficiencia, tecnologías, ciclos de producción, costos, capacidad empresarial, tiempos y movimientos... En una palabra: todo, cada vez más determinado por los referentes exteriores.

Se reducían o se acababan los «nichos» privilegiados que podían escapar de la competencia o resistirse a ella. Nichos que habían vivido su edad de oro en los años cincuenta, cuando fueron el sustento de la industrialización por la vía de la sustitución de importaciones. Bueno, hacia fines de los ochenta, iniciando los noventa, el mundo ya era otro. Y no había cómo escapar ni de la integración planetaria ni de la nueva normatividad mundial.

Desde luego la situación era delicada en extremo, pues no se contaba con los recursos (en todos los órdenes) para poner al día y en pie de competencia el país. Por lo demás se trataba de una carrera contra el tiempo. Había riesgo en el empeño de la apertura, pero había que asumirlo. Unos años más tarde, en torno al Tratado de Libre Comercio de América del Norte (TLCAN), arreció el debate y la disputa entre quienes le apostaban a la apertura y quienes preferían la seguridad de un país de puertas cerradas. Fue cuando apareció otro tema, poblado de argumentos en pro y en contra, dado que la apertura, sin duda, apuntaba a una vinculación con los Estados Unidos. Y no a través de una integración de vocación bolivariana, sino panamericanista, lo cual dolía aún más entre los sectores partidarios de «lo nuestro». Al final, desde 1988, con todo y riesgos, el Gobierno asumió que, tras la experiencia populista de los setenta y parte de los ochenta, México debía encarar el reto de ser una nación abierta al mundo. No había otra opción.

Pasado el tiempo, ¿cómo se ve ahora la apertura que representó el TLCAN para México? Veamos: hoy hasta un opositor tenaz del TLCAN como López Obrador en aquellos años no pudo dejar de celebrar en septiembre del 2020 el valor de la iniciativa original que dio lugar a la nueva versión del Tratado en las páginas del T-MEC. Más aún: tan favorable para México fue el TLCAN, que el T-MEC aplaudido por el presidente López Obrador fue reformulado para favorecer más a los Estados Unidos que a México. Lo cierto es que en aquellos años el equipo negociador mexicano no cedió, mientras el de López Obrador no pudo decirle NO al presidente Donald Trump. Las consecuencias de esto están por verse ante el Gobierno de Joe Biden en los Estados Unidos.

Aquellos años no solo fueron complejos en México. Particularmente 1991 fue crucial, pues la apertura implicaba un proceso de transición; fue en ese terreno donde la complejidad apareció de la mano de la polarización, una polarización extrema dentro y fuera del PRI, en la sociedad, y desde los otros partidos, principalmente el PRD. Ante el dilema, dentro del PRI hubo facciones, también en el PRD, que preferían el esquema político del PRI de 1929; otras buscaban cambiar al PRI. Más allá llegó a plantearse incluso su desaparición. La situación política interna se mostraba pues con luces y sombras. Con esas palabras la describían los círculos de opinión y los expertos académicos. Luces y sombras como reflejo de las tensiones generadas por la transformación en marcha, en particular la transición hacia el futuro TLCAN, que marcaba un punto de no retorno en la estrategia de apertura.

Para entonces —mediados de 1991—, la sociedad mexicana se transformaba de manera vertiginosa, de cara a la apertura en un mundo interdependiente, y los logros del proceso de reforma eran claros y promisorios: ajuste fiscal con superávit presupuestal; estabilidad de precios y del tipo de cambio; aumento de la inversión privada y crecimiento sostenido —casi del 5% anual al primer semestre de 1991, el más elevado para ese período en una década—; incremento importante de las exportaciones manufactureras, como también de las reservas internacionales —que se duplicaron entre 1990 y 1991— y las del Fondo de Contingencia. En los últimos tres años, desde 1988, el Gobierno había generado más 400 encuentros en el exterior y en el país con más de 50 jefes de Estado y de Gobierno, lo cual se reflejaba en términos de confianza y reconocimiento desde el exterior, y desde luego en el incremento de la inversión extranjera directa, propiciado por la participación de México en los foros y mesas de trabajo mundiales, particularmente con los países del Pacífico asiático, donde se encontraban ya en ese entonces los centros más dinámicos del comercio y de la tecnología.

De conjunto, la situación mostraba pues una clara fase de crecimiento con estabilidad y confianza, no obstante el contexto lleno de tensiones... Aunque del lado de las sombras, agudizando las tensiones, estaba el problema de la pobreza, que registraba más de la mitad de la población en esa condición, aunada a la desigualdad social, generando sin duda efectos en términos de inestabilidad, sombras que apuntaban, a su vez, al riesgo siempre latente de una crisis cambiaria si crecía la incertidumbre, y una salida brusca de capitales del país. Con todo, la expectativa del TLCAN jugó de contrapeso, al conjurar en buena medida estas amenazas, y en el orden de la pobreza y la desigualdad el Programa Nacional de Solidaridad (Pronasol) fue también un contrapeso ante la polarización y un mecanismo de control respecto de un posible escenario de inestabilidad social.

Con todo, la historia dice que, en un mar erizado de complejidad y polarización, al presidente Carlos Salinas se le descompuso el proyecto... La bala que mató a Colosio en 1994 fue parte de eso... un golpe bajo en la persona del candidato a quien el presidente decidió confiarle el futuro del proyecto. Asesinado Colosio, el presidente Salinas perdió el control del escenario de la sucesión presidencial... Aunque en lo medular, aun con Ernesto Zedillo al relevo, parecía salvarse el futuro... Lo cierto es que no fue así. Sin experiencia política, sin el dominio de un país tan complejo, tan diverso, en medio de un proceso de tal envergadura, orientado a afrontar los desafíos de la integración mundial, el relevo tomó por sorpresa a Zedillo, sin la formación ni el temple necesario para encararlo con la serenidad que se requería. Lo curioso es que heredaba un país cuya inflación anual no pasaba de 7%, cuya deuda pública se había reducido a la tercera parte, se había eliminado el déficit fiscal y las exportaciones crecían a tasas comparables a la de los países llamados «tigres asiáticos»: Corea del Sur, Taiwán, Singapur, Hong Kong... En materia social, de acuerdo con informes de los expertos, se había logrado frenar el crecimiento de la pobreza, y en materia de desigualdad se registraban avances que avizoraban su corrección paulatina. Heredaba el presidente Ernesto Zedillo un país que en la arena internacional era objeto de una opinión más que favorable en términos de perspectiva. Hacia octubre de 1994, la revista *BusinessWeek* publicó: «El virtual presidente electo de México, Ernesto Zedillo, recibirá el próximo primero de diciembre la economía más estable que haya tenido cualquier otro presidente de ese país en 20 años».

¿Qué sucedió, entonces, que unas semanas después al presidente Zedillo se le desmadejó el país? Hoy está cada vez más claro que al nuevo presidente, al mover —sin la discreción debida en un mandatario— una delicada pieza del engranaje cambiario, se le cayó el país encima, cuando iniciaba su mandato. El presidente había filtrado a ciertos empresarios mexicanos —quiero pensar que ingenuamente— su decisión de devaluar al peso ante el dólar, con lo cual vació en cuestión de horas las reservas internacionales. Tengo la impresión, al paso de los años, de que fue demasiado para él.

Y le pesó, literalmente. Por una parte, le pesó el tamaño del «error», luego vino la culpa y el resentimiento. Como dicen los que saben, la culpa es la madre del resentimiento. Luego culpó a su antecesor (la rueda cíclica en nuestra historia: es lo de siempre). Sin embargo, culpar al presidente saliente de haber «ocultado información» no resistió el menor análisis, un análisis serio, ya que quienes integraban su gabinete en materia económica y financiera conocían el tema de los Tesobonos, y desde luego el nuevo presidente Zedillo. Ahora la información disponible revela que además Zedillo había heredado las más altas reservas internacionales en el Banco de México (Banxico), de hecho las más elevadas de la historia, reservas que se agotaron en dos meses, generando una aguda crisis de confianza.

Hubo también en aquel entonces analistas cercanos a López Obrador que con argumentos ideológicos sostuvieron que había heredado el país en bancarrota. Trillada historia que a López Obrador le encanta contar, como hace ahora desde la presidencia —culpando no a uno, sino a todos los expresidentes— para justificar la caída tan brutal de la economía mexicana a raíz de decisiones equivocadas desde que tomó el poder en 2018, un año antes de que la pandemia del covid-19 azotara al mundo, vaciando él también cuanto fondo de reservas, ahorros y fideicomisos encontró a la mano, aun al precio de violar la Constitución que juró cumplir y hacer cumplir. Hoy López Obrador es un caso único en la historia, al «heredarse» a sí mismo un país en bancarrota. Sería cómico si no fuera en verdad dramático.

En términos de herencias, cuando el presidente Salinas recibió el Gobierno de manos del presidente Miguel de la Madrid, México contaba con un saldo cercano a los 5000 millones de dólares en reservas internacionales; a su vez, cuando Salinas se lo entrega al presidente Zedillo tales reservas ascendían por encima de los 12 000 millones de dólares, más una línea de apoyo de las tesorerías de los Estados Unidos y Canadá por un monto de casi 7000 millones de dólares adicionales, para hacer un gran total de 20 000 millones de dólares. En tanto, los Tesobonos llegaban para esa fecha a 16 000 millones de dólares. ¿Cuál país en bancarrota?

Sin duda algo hizo mal el presidente Zedillo para que en menos de un mes (al 31 de diciembre de 1994) las reservas internacionales se redujeran a menos de 6000 millones de dólares, mientras los Tesobonos subían casi a los 18 000 millones.

Hubo un gran error desde la presidencia. Un manejo equivocado. Y luego nerviosismo y turbación en el gabinete. De ello dio cuenta prácticamente la prensa mundial especializada, que lo captó bien y pronto como el peor error cometido en años. Sin embargo, el juego en México no contempla hablar con la verdad, más bien apela a culpar al antecesor o a todos los antecesores. Es la historia interminable. La rueda donde México muere un poco cada seis años. Así, envuelto en el maleficio del eterno retorno, el propio presidente Zedillo daba vueltas en redondo, hacia adelante, luego hacia atrás, sobre todo en esos primeros dos meses de pesadilla, acerca de los cuales un editorialista de *The New York Times* retomó en febrero de 1995 las palabras del escritor Carlos Fuentes: «Ha sido un impresionante zigzag».

Leo durante los días en que desarrollo estas reflexiones un artículo de Enrique Quintana, con un título tan sugestivo como inquietante: «La "larga marcha" de nuestra economía… al estancamiento». Sugestivo e inquietante, entre otras cosas porque eso de «la larga marcha» evoca al presidente Mao, el del *Libro Rojo*, la cruel dictadura comunista y la hambruna generalizada en la República Popular China. Dice Enrique Quintana: «Ayer (13 de octubre del 2020), el FMI, en el marco de su reunión anual, presentó sus perspectivas económicas para 2020 y 2021, así como sus proyecciones económicas hasta el año 2025. De acuerdo con ellas, el PIB por habitante en México en 2024 será equivalente al que teníamos en 2013. Esto significa que al cabo de 11 años el nivel de ingreso de nuestro país estará estancado…». Será la caída más fuerte desde la debacle propiciada por el populismo entre 1970 y 1982. Ahora, de vuelta al populismo, la falta de crecimiento ya se agravó. Malas noticias, ya que acabará por generar mayor desigualdad y más pobreza. Lo dicho: primero los pobres.

La ineptitud, la tozudez a la hora de las decisiones, la ceguera y la sordera, está visto, no generan buenos resultados. Hunden al país. Lo endeudan. Destrozan la vida y las expectativas de futuro de generaciones. Al final hunde igualmente a quien ciego, sordo y duro de entendimiento se niega a corregir. En el caso del presidente Zedillo no solo detuvo el proceso de apertura y de reformas estructurales con las que México entraba en el mundo global, con crecimiento y posibilidades de reducción de la pobreza, bienestar y progreso. Junto con paralizar el proceso, lo deslegitimó... Todavía peor: hacia el final de su mandato, en 1999, impulsó una jugada política (sin ser un político de gran visión) para promover a López Obrador, con lo cual sembró la semilla de la destrucción institucional ahora en marcha, al abrirle la puerta como jefe de Gobierno de la Ciudad de México (entonces Distrito Federal).

Yo no sé si el presidente Zedillo alcanzó a imaginar hasta donde podría llegar el resentimiento desde el Gobierno. Nadie puede saberlo. Pero me pregunto qué pensará hoy, cuando la parálisis de la reforma económica e institucional que caminaba en el país lo está llevando 25 años después a una aniquilación paulatina de lo avanzado hasta entonces; qué pasará por su mente cuando la democracia que quiso impulsar al «desaparecer» el PRI cobra ahora los visos de una concentración del poder en un solo hombre más honda que la llamada «dictadura perfecta».

¿Qué pensará ahora el expresidente Zedillo? No lo sabemos. Lo que sí sabemos es lo que escribió el internacionalista Luis Rubio hacia fines de su gobierno en 1999: «La devaluación fue tan traumática para la nueva Administración, que no encontró mejor salida que culpar al Gobierno anterior de la devaluación misma y de todos los males que la precedieron y que la acompañaron. En el camino no solo desacreditó, con o sin razón y justificación, a los individuos responsables del manejo económico y político del sexenio pasado, sino que acabó con la legitimidad de toda la política económica...

Acabó por minar la credibilidad de toda la estrategia de apertura económica».

Digamos que puso la primera piedra del edificio que poco a poco levantó la agitación social en manos de López Obrador, cuyos frutos los vemos hoy cada mañana contra toda política de apertura al mundo, contra toda estrategia de crecimiento económico, contra todo lo que sea ciencia, tecnología, estudios y planes de desarrollo y generación de riqueza... Para el actual presidente todo eso se llama «neoliberalismo». Pecado capital. Como en Cuba, Venezuela y Nicaragua, donde reina el «progreso improductivo» junto a la voluntad de un solo hombre.

Son los frutos de la historia interminable, fundada en el principio perverso de gobernar privilegiando la venganza y el resentimiento por encima de todo, aun al precio de ver acabado el país y la vida de millones de familias mexicanas. Tanto así que en estos días de octubre del 2020 ha logrado alinear incluso a la Suprema Corte de la Nación en la órbita de una consulta popular para juzgar a los expresidentes, culpables —irónicamente— de lo mismo que el presidente Ernesto Zedillo culpó a su antecesor, al sostener que le había dejado un país en bancarrota. Por fortuna, lo rescatable de ese triste episodio (igual que ahora ante López Obrador) fueron las voces que advirtieron a tiempo que «en algún momento mintió el Presidente». Ya era tarde, pero hubo esas voces. Y eso cuenta por la moralidad de una buena parte de la sociedad mexicana. Y cuenta, sin duda. Y contará también después del presidente López Obrador.

Cabe recordar en este terreno lo que el ya ungido presidente de la República López Obrador prometió durante la toma de posesión ante el Congreso el 1.º de diciembre del 2018:

> Al contrario de lo que podría suponerse, esta nueva etapa la vamos a iniciar sin perseguir a nadie, porque no apostamos al circo ni a la simulación […] En consecuencia, propongo al pueblo de México que pongamos un punto final a esta horrible historia y mejor empecemos de nuevo; en otras palabras, que no haya persecución a los funcionarios del pasado […]

Pues bien, la promesa no se cumplió. Le ha ganado el ánimo de venganza, el odio, los resentimientos acumulados. No cumplió, y hoy el país vive de nuevo «esa horrible historia», la cacería de brujas que prometió no realizar. Mintió, pues, el Presidente.

De ayer a hoy, con el fin de observar cuánto pesa la historia interminable, la repetición continua y sin pudor de lo mismo, contamos con un especialista que de ayer a hoy —Jonathan Heath, un experto financiero— pasó de ser un agudo e inteligente observador de lo que había sucedido con el presidente Zedillo a ser hoy uno de los vicegobernadores del Banxico. Ni más ni menos.

¿Cómo vio Jonathan Heath la crisis desatada a inicios del Gobierno de Zedillo? Como una cadena de errores, sin duda; pero lo más interesante radica en la observación que hace en torno a las oportunidades que tuvo para corregir, para paliar sus efectos y evitar la recesión tan profunda que habían generado:

Tuvo oportunidades de actuar —dijo entonces Jonathan Heath—. [Sin embargo] «el primer intento del nuevo régimen fue no hacer absolutamente nada [...] Posteriormente, cuando el Gobierno anunció la devaluación [...] hubo de nuevo otra oportunidad [presentar un programa económico para acomodar el *shock*]. No fue así [...] No hubo programa ni cambio en forma inmediata. Fue hasta enero del año siguiente que presentó un programa [...] Sin embargo, fue un programa poco creíble y nada sólido... y el resultado fue una agudización de la crisis... Tres meses después de haberse desatado, por fin el Gobierno presentó las medidas para afrontar la crisis... Hubo titubeos y errores graves en la instrumentación inicial, a tal grado que se agravó la crisis y se produjo una pérdida más allá de lo necesario. *Si el Gobierno hubiera «mordido la bala» inmediatamente, y aceptado el costo político anticipadamente y presentado un programa sólido y creíble a tiempo, seguramente nuestra crisis hubiera sido de una dimensión mucho más pequeña de lo que fue.*

Como anillo al dedo del México de hoy vienen las palabras de ayer de quien ahora es vicegobernador del Banxico: «Si el Gobierno hubiera aceptado el costo político anticipadamente...». Exacto: si hubiera aceptado sus errores... Digamos que de ayer a hoy se hermanan la mezquindad y el cálculo político, la popularidad, los resentimientos entre el ayer presidente Zedillo y el actual presidente López Obrador. ¿La rueda fatal donde México muere? Al final dejan el poder y salen orondos y campantes del país a recorrer el mundo con el que no quisieron tratar.

También de ayer a hoy el comentarista René Delgado. Veamos lo que escribió a fines de 1997:

> El error de diciembre no fue devaluar, sino la forma en que se hizo. De modo titubeante; sin un programa de ajuste que complementara la medida; comunicada de forma desastrosa. Echándole la culpa a los de atrás, cuando muchos de ellos seguían en «el barco» [...] Nunca será demasiada la insistencia de cuidar no volver a resbalarse como en esos días trágicos.

Al cabo de 23 años René Delgado ha escrito en el diario *Reforma*, esta vez con referencia al presidente López Obrador:

> El Ejecutivo... al no discriminar lo fundamental de lo accesorio, abre innumerables frentes sin concentrar atención, energía, esfuerzo y tiempo donde debe. Emprende maniobras distractoras y divaga ante ellas... Pese a lo evidente, el Presidente resiste dimensionar el golpe del virus [covid-19] a su proyecto y, cuanto más lo niega o lo ignora, más aleja la posibilidad de operar los ajustes necesarios. No realiza ajustes ni replantea prioridades. Reduciendo aún más su margen de maniobra...

De ayer a hoy la misma historia. El maleficio del eterno retorno, desde cuya plataforma el presidente en México quiere ser la única voz, el único cerebro, la única mente clara. La piedra angular sobre la cual se levantó en el siglo pasado la «dictadura perfecta». Triste historia, a fin de cuentas, porque quiere decir que la idea y los esfuerzos para construir un país con democracia y Estado de derecho se está hundiendo en un fracaso.

Hoy López Obrador gobierna (lo cual es un decir) «el país de las últimas cosas». A tal grado el proceso de destrucción institucional, social y política de México. ¿Con qué objeto la «Cuarta Transformación» del presidente López Obrador? A juzgar por los hechos: llevar el país de nuevo hasta los años setenta y gobernarlo con la ideología del viejo PRI, irónicamente, el partido y la ideología que Zedillo quiso ver fuera de la presidencia. ¿No es irónico en verdad?

Se equivocó el presidente Zedillo. La transición operada desde Los Pinos falló y el proceso de reformas se paralizó, se deslegitimó y México está regresando al cauce de la historia interminable. La rueda donde el país muere un poco cada seis años. Gobernar desde las emociones, el resentimiento y la venganza cueste lo que cueste. Gobernar a partir de la patología presidencial. ¿Por qué todo se nos pudre? La respuesta salta a la vista. Pues ante los enormes desafíos que llenan de dolor y sufrimiento a millones de mexicanos, a nuestros hombres en la presidencia les ha sobrado arrogancia y les ha faltado estatura moral en el gran sentido del término.

¿Habrá alguien que nos pueda decir dónde empieza la historia interminable? ¿Terminará un día? Hablando de historias, leo en este momento una reflexión de José Woldenberg titulada «Una historia digna de no ser contada». No he podido sino leerla en el contexto de la rueda mortal donde México muere; como una versión de la historia interminable o la historia del eterno retorno.

Una historia truculenta, dice Woldenberg, truculenta pero cierta, digna de un cuento de Groucho Marx. Risible, si no fuera porque desnuda las fragilidades de las instituciones claves para la vida democrática. Una de ellas, acaso crucial, la institución presidencial, carcomida por la patología y el embrujo del poder o la Silla del Águila. Woldenberg hablaba de la elección interna de Morena (en aquellos días de octubre del 2020), que arrojaba un empate técnico entre dos aspirantes a ser su presidente. «Y qué creen? Uno, reedita una vieja receta de la casa: se declara ganador, acusa de complot al otro y demanda la renuncia del presidente del Instituto Nacional Electoral...».

¿Otra o la misma historia, la historia interminable? Concluye José Woldenberg: «La edificante historia todavía no concluye...». ¿Terminará algún día?

CAPÍTULO 5

Populismo de ayer y de hoy

Lo que pudo haber sido y no fue

Hace unos años Julio Scherer García escribió que el estallido del 68 representó un parteaguas en el país. Algo moría, o había muerto, y algo nuevo se anunciaba por venir. La Revolución mexicana era para entonces un «hecho pretérito», decía don Jesús Silva Herzog desde la revista *Cuadernos Americanos*. Había muerto a mediados de los cuarenta. Fundado en este hecho, el dramaturgo Rodolfo Usigli concibió *El gesticulador*, donde César Rubio —el protagonista— pondría en marcha, ante la Revolución muerta, la caricatura de una revolución viva. El punto es que para los nuevos políticos de aquellos años la Revolución era un símbolo que había de mantenerse vivo, que no debía morir. Y no debía morir para sostener la fe de todo un pueblo en un mejor futuro, los anhelos, las esperanzas de los jóvenes, de los estudiantes, ante un Gobierno que pretendía ir por otro lado, y tal vez los traicionaba. Como se sabe, no duró mucho el encanto, cuando los jóvenes de mediados de los sesenta —agotado el poder mágico de los símbolos y la palabra en torno al cambio— se tomaron las calles y las universidades reclamando apertura y reforma democrática. Esta es quizá la cara más actual de 1968.

Digo actual porque ahora (2020) en esas estamos. En esas seguimos. Dando o pretendiendo dar una imagen de transformación y voluntad política de cambio democrático cuando en los hechos cada mañana vuelve a las pantallas de la televisión el gesticulador de Usigli anunciando con cada nueva ocurrencia una regresión a lo más grotesco y superado de la «dictadura perfecta».

Por otra parte, tiene razón Julio Scherer García al decir que el movimiento estudiantil de 1968 le puso al Gobierno y al partido en el gobierno, en charola de plata, la posibilidad de enderezar la vida política y social de México, la vida cotidiana de la gente de a pie. El tiempo demostraría que hubiera sido un parteaguas si no se hubiera quedado en posibilidad. De hecho, fue una oportunidad perdida. Otra más en la historia interminable, la historia donde todo se nos pudre.

De abajo hacia arriba las voces diversas de la sociedad, entre ellas la voz de los jóvenes mexicanos, reclamaban apertura, flexibilidad, tolerancia. Pero la clase política no estaba para oír, menos aún para la apertura democrática. Pesaban demasiado las telarañas del pasado, una añeja manera de hacer política y de hacer negocios que devino en más cerrazón y menos disposición para cambiar. Es lo que sucede cuando la arrogancia hace de la terquedad una virtud, una señal de fuerza moral, sin advertir la profunda debilidad que se alberga en ello. Con razón el poeta Octavio Paz escribió a propósito del 68 que los mexicanos no habíamos aprendido aún a pensar con libertad, con verdadera libertad. Una falla —dice Paz— que no es de orden intelectual, sino moral, ya que el valor, la fortaleza de un espíritu libre se mide por su capacidad para soportar la verdad. Y así, cuando no se atreve a pensar con libertad no quedan más que las máscaras, nuestras propias ficciones… ficciones que se graban en nuestras facciones, es decir: en el rostro que no miente… Y así estamos, condenados a inventarnos cada mañana una máscara… y con el paso de los días condenados a descubrir que esa máscara es quizá nuestro verdadero rostro.

Así fue como tras el 68 arrancó la nueva ficción, la nueva historia que abarcaría toda la década de los setenta y los primeros años de los ochenta, con los presidentes Luis Echeverría y José López Portillo. La misma historia. La historia interminable esta vez arropada con la promesa de la apertura y la democracia, que en absoluto significó apertura y menos aún democracia, sino, más bien, una regresión que, más pronto que tarde, se tornaría agresión. Es lo que pasa —escribe Paz— con esos neuróticos que al enfrentarse a situaciones nuevas y complejas retroceden, pasando del miedo a la cólera, regresando, agrediendo. Parece increíble y hasta olvidada, pero esa historia fue vivida y está escrita. De tanto que se ha repetido se nos ha quedado grabada, casi sin necesidad de esperar a que vuelva, porque está aquí. Siempre ha estado (y acaso estará) aquí. De nosotros depende ahora.

Me pregunto qué hermana el parteaguas del 68 con la enorme votación que recibió el candidato López Obrador 50 años después. Sin duda los anhelos de cambio y democracia, de apertura y progreso social. Dije «López Obrador» y en verdad pude decir «el candidato Luis Echeverría», pues ante los anhelos de cambio y democracia enarbolados por la generación de jóvenes de aquel 1968 fue justo lo que prometió el candidato del PRI. 50 años más tarde la misma bandera fue clave en la victoria del candidato López Obrador en el 2018.

Lo interesante de la reflexión comparativa radica en que de ayer a hoy tanto la apertura como la democracia han sido la materia de una prédica constante, de un sermón desde el poder, desde luego en torno a la apertura democrática como a la Cuarta Transformación, para luego ser desmentida por los hechos. Sin duda el país tenía que cambiar y esta percepción, así a principios de los setenta como en el 2018, se convirtió en un imperativo en la mente y en la acción de los jóvenes: México no solo *tenía* que cambiar, sino que *debía* hacerlo. En ese contexto surge la figura de Luis Echeverría con la propuesta de un cambio radical, de un giro en el rumbo histórico de México. En términos generales, no obstante el tiempo transcurrido y los matices, no fue otro el contexto social y político que elevó también a la figura de López Obrador con su propuesta en torno a una transformación no menos radical, a la altura de los tres grandes cambios históricos precedentes: la Independencia, la Reforma y la Revolución mexicana. Al escribir estas líneas uno no puede dejar de lado a Paz cuando en *Postdata* (tras los sucesos de 68) revela cómo en México no hay «adentro ni afuera, ni antes ni después: el pasado reaparece (siempre) porque el pasado es un presente oculto».

Y aclara Paz: «Hablo del verdadero pasado, no de lo que pasó (fechas, personajes, eso que llamamos historia)... hablo de lo que no pasa, de algo que pasa sin pasar del todo, hablo de un perpetuo presente en rotación... y no hablo nada más en los gobernantes, sino en los gobernados».

De Echeverría a López Obrador no ha pasado la historia. Curiosamente se trata del mismo presente, del pasado como un presente oculto, como si el tiempo se hubiera detenido, y lo que aparentemente ya pasó, en realidad no ha dejado de pasar. ¿Puede llamarnos a sorpresa que el presidente López Obrador nos diga ahora, como ayer el presidente Echeverría, un sermón en cada mañanera, una prédica simbólica en lugar de gobernar?

Desde abajo, sin embargo, desde la sociedad, había surgido el imperativo del cambio y de la reforma democrática. Digamos que, para entonces, la historia interminable, aquel presente perpetuo, ya no era aceptable para las nuevas generaciones, cuyas vidas pasaban a jugársela en la continuidad del tiempo moderno; así al inicio de los setenta —cuando los países desarrollados dejaban atrás el viejo mundo refugiado en sus fronteras—, y así también, por cierto, (más aún) medio siglo después, cuando López Obrador llega al poder montado en la consigna histórica de una Cuarta Transformación. Así también, tanto ayer con Echeverría como en el 2018 con López Obrador, hubo quienes de buena fe creyeron que las apuestas de cambio y democracia iban en serio. Para algunos se abría una nueva oportunidad después de la experiencia trágica encabezada por Carlos Alberto Madrazo desde mediados de los sesenta. Para otros parecía que tal vez se había aprendido de la tragedia —del crimen contra Madrazo y del crimen que segó la vida de centenares de jóvenes en la Plaza de las Tres Culturas—. Había ansias de creer y la gente creyó. En el caso de López Obrador fueron millones los que creyeron y votaron libremente por él.

Son tantas las coincidencias entre el pasado con Echeverría y el presente con López Obrador que no hay cómo pasar por alto las advertencias del poeta. Con razón, me digo ahora, a los poetas se les conoce con la palabra «vate», breve vocablo que habla de la figura del poeta como «vaticinador», el que predice. La historia dice que el candidato Echeverría, si bien hablaba una y otra vez del cambio y la democracia, una y otra vez dejaba el tema sin definiciones, en un mar de imprecisiones, vaguedades y confusiones, al grado de que algunos analistas le llamaban «comedia de equivocaciones», típica ya entonces en el corto andar del candidato, como después en el corto andar del presidente. No le iba a fallar a México y a los mexicanos. Pero les falló. No habían pasado tres años de su Gobierno y del cambio y de la democracia jamás se volvió a hablar. A pesar de que —como lo registrara la pluma de don Daniel Cossío Villegas (*El estilo personal de gobernar*, 1974)— a juzgar por sus promesas de campaña todo pareció indicar que, como presidente, Luis Echeverría «estaba resuelto a hacer un gobierno distinto, incluso opuesto al anterior, es decir, que intentaría cambiar el rumbo del país». Son palabras de hace más de medio siglo, palabras pronunciadas desde la academia universitaria; palabras que hoy, sin modificar una coma, vienen como anillo al dedo para los casi tres años de Gobierno del presidente López Obrador.

Hace ya unos meses (octubre del 2020) el presidente López Obrador habló con motivo de los 80 años de la fundación de El Colegio de México, la cuna de origen de las palabras antes citadas. Allí habló sin rubor el presidente López Obrador, mientras a la misma hora, en el Congreso de la República, su partido, y por instrucciones propias, extinguía los fideicomisos para la docencia y la investigación científica y tecnológica, la creación artística, la cultura en suma. Sin rubor. De la misma cuna proceden estas otras palabras del profesor Cossío Villegas, al referirse a quienes seguían al presidente Luis Echeverría: «Estos mexicanos no sabían siquiera qué cambios debían producirse, cuándo, por quiénes, con qué métodos, y mucho menos sabían los beneficios que podían esperarse [...] Por eso cabe decir que el Gobierno se inició bajo los auspicios de una típica «comedia de equivocaciones» [pues] su nota dominante fue de confusión, falta de orden, de concierto y claridad [...] el Presidente brinca con tanta prontitud de un lado a otro y tan repetidamente que resulta difícil de seguir». De El Colegio de México salieron esas advertencias. Sin rubor las escuchaba al paso de los años el presidente López Obrador cuando se presentó allí con motivo de su 80 aniversario.

Es tal la pertinencia fantástica de esas palabras que, en un descuido, no se sabe bien de quien habla el historiador —¿de Echeverría, de López Obrador?— cuando se refiere a la falta de ideas claras, de planeación, a las ocurrencias y a la improvisación. Uno de los peores vicios de la política y los gobiernos en el país: el torrente de una patología manifiesta en la locuacidad sin freno, con la que nos despertamos cada mañana, cada día con una prioridad distinta en la agenda nacional.

Ya que estamos en el terreno del ayer, como si fuera la triste historia del tren detenido bajo la lluvia, déjenme poner aquí lo que en su momento escribió el analista René Delgado en el año 2008 cuando gobernaba el presidente Felipe Calderón: «En vez de enviar señales de la decisión de emprender esa reforma, el Gobierno juega a lanzar múltiples bolas que, a la postre, distraen la atención y dispersan el esfuerzo... ¿Qué cosa está ocurriendo? ¿Ese proceder marca el estilo del sexenio o el desinterés por lo que está sucediendo? ¿De qué se trata? ¿Es el nuevo estilo de gobernar o, sencillamente, hay desinterés en gobernar?».

Doce años después (octubre del 2020), René Delgado escribía con referencia al Gobierno de López Obrador: «Vértigo hay, movimiento transformador quién sabe. La obsesión presidencial por avanzar en su proyecto a como dé lugar por la vía de hechos, no de derechos; de distraer, no de concentrar la atención; de dividir y confrontar, no acaba de resolver la ecuación de su problema que, sobra decirlo, no solo estriba en la pertinencia y la viabilidad de sus ideas, sino también en evitar que la epidemia (covid-19) arrastre el país. Cierto, no hay un manual para cambiar de régimen... para llevarlo a cabo sin errores, pero de eso a privilegiar la improvisación, el ingenio como herramienta, hay un trecho abismal, sobre todo cuando no hay claridad... Por eso hay vértigo, y significa trastorno del sentido del equilibrio... turbación del juicio...».

Un estilo patológico oculta (hasta cierto punto) la historia interminable. Un estilo que no es del diálogo, sino del monólogo, donde el Presidente habla un día sí y otro también consigo mismo. Ahora también sabemos a qué aspira el monólogo desde Palacio Nacional: a la obediencia ciega y a la subordinación impúdica. Una exigencia que aplica a todos sin excepción, desde la bravata que dice: ¡Conmigo o contra mí! A todos, ciudadanos, legisladores, poder judicial, empresarios, medios: ¡Conmigo o contra mí! Dirigismo presidencial como en los mejores tiempos del autoritarismo que creíamos superado. Así lo escribió en su momento el gran periodista que fue Miguel Ángel Granados Chapa, al observar el talante hecho de despotismo y desazón que lleva al Presidente a ver en la crítica desde la sociedad una complicidad universal para destruir al Gobierno. A los ojos de López Obrador todo crítico de su Gobierno lo es porque lo han «maiceado» (lo han comprado «oscuros intereses», decía Echeverría). Es la triste imagen de un México y los mexicanos incorregiblemente corruptos la que difunde el Presidente ante el mundo. ¿No es triste?

Habló Granados Chapa —como si fuera hoy— contra el dirigismo periodístico, idéntico al de los tiempos del autoritarismo, cuando el presidente Echeverría, abrumado ante los fracasos de su Gobierno, orquestó el golpe contra el diario *Excélsior* y su director Julio Scherer García y gran parte de sus colaboradores. «Pasquín inmundo» ha llamado el presidente López Obrador al diario *Reforma* hace unos días, al ver que la terca realidad que difunde el diario no responde a sus prédicas desde Palacio. Frente a esto, el ministro en retiro José Ramón Cossío, entrevistado justamente en torno al riesgo que corren los periodistas ante la creciente ola de intolerancia y descalificación en la voz del presidente López Obrador, ha sido claro en advertir y recordar el abismo en que ha entrado México cada vez que insensatamente se desatan «situaciones irracionales», por lo general, «cuando el Presidente pierde de vista que, para el Gobierno, los medios son faros... como esas marcas que se ponían, como en los cabos de mar, para evitar que los barcos choquen entre sí. Si no existen los medios de comunicación, absolutamente libres en el ejercicio de sus tareas, ¿quién le va a marcar al Presidente los peligros para que su proyecto no zozobre?».

«Lo que me parece muy preocupante —reflexiona el ministro Cossío— son los ataques *ad hominem* al periodista fulano o al articulista mengano porque es conservador, *fifí* o pagado; preocupante porque ahí no se está construyendo ningún ejercicio de libertad de expresión... [por lo demás] la situación es muy desigual ya que el Presidente tiene un poder enorme y cualquier cosa que diga [en términos de una descalificación] genera un atentado contra la libertad de expresión...».

Del ayer con el presidente Echeverría al hoy con el presidente López Obrador la misma historia. Ni antes ni después: el pasado reaparece porque en México el pasado es un presente oculto. Algo que no pasa, algo que pasa sin pasar del todo, perpetuo presente en rotación. La rueda fatal donde México permanece. Fuente de vida nuestro pasado ancestral; mortal en el mundo moderno, donde el cambio y el progreso marcan las condiciones de la existencia de las naciones como de los individuos.

Hablo en estas notas de una pesadilla, cuyo origen remite sin lugar a dudas a la Silla del Águila, al poder como cuna donde se alimenta y crece la patología. Una locura desatada, cuyo antecedente más próximo se remonta también a los años del populismo de los setenta, cuando el presidente Echeverría, tocado con el talante de la sabiduría universal, o sintiéndose tocado por ella, hizo esa declaración sorprendente: «A partir de este momento la economía se maneja desde Los Pinos». Vamos, la manejo yo. El presidente emplea una palabra que me parece crucial, la palabra «momento», y el momento al que se refiere no es otro que el de la locura que se apoderaba de la casa presidencial. Digamos que cuando nuestros referentes, es decir, los países desarrollados, generaban estrategias a base de impulsar la competencia en los mercados abiertos, de un mundo sin fronteras, el presidente Echeverría dejó correr un proteccionismo anacrónico, favoritismo puro en realidad, a base de una creciente intervención del Estado en la economía.

Al cabo de estos casi tres años de Gobierno del presidente López Obrador nos hemos cansado de oír en sus conferencias mañaneras la misma «filosofía», por decir algo que obviamente no alcanza tal dimensión. Un día sí y otro también la misma prédica contra la iniciativa privada, contra los empresarios mexicanos y extranjeros, a quienes califica groseramente como corruptos, o de «mafia», su vocablo favorito. Ignorando que, si se trata de sacar al país de la pobreza, la palanca más eficaz para ello es una economía abierta a la competencia y a la iniciativa privada y sus niveles de inversión, que rebasan con mucho los del sector público (con las cuales México jamás superará la pobreza). Menos aún si la insuficiente inversión pública bajo el gobierno de la 4T se concentrará en el sector energético, donde ni Pemex ni la Comisión Federal de Electricidad (CFE) son capaces de generar los empleos que se requieren. Aun así, de hecho, casi el 60% de la inversión pública del Gobierno Federal irá a parar al sector energético, mientras que la inversión privada ha experimentado una caída anual del 37% al cierre del segundo trimestre del 2020, de acuerdo con los especialistas consultados. Una desaceleración dramática como resultado de la falta de confianza en las acciones del Gobierno del presidente López Obrador, orientadas hacia programas con objetivos políticos y clientelares, así como a proyectos de dudosa rentabilidad social y económica.

Un presidente que en los días de octubre del 2020 (mientras redactaba estas líneas) comenzó incluso a ir más lejos, al pensar en una faceta empresarial del Gobierno, algo como regresar al papel del Estado como proveedor de bienes y servicios, la misma línea que lo llevó a la insensatez de crear una distribuidora de medicamentos a cargo del Estado, lo cual derivó obviamente en un desastre y en desabastecimiento generalizado de medicinas, sobre todo para los niños (sin contar que el designado director general de dicha empresa, David León, fue exhibido entregando dinero de procedencia ilícita a Pío López Obrador, hermano del presidente). «Somos funcionarios públicos —dijo el presidente al hacer el anuncio del Gobierno como empresa de negocios—: a nosotros no nos interesan los negocios privados, sino los públicos». Unos días después, ante la carta que los legisladores de los Estados Unidos le enviaron al presidente Donald Trump, buscando que México cumpla con la legislación y los acuerdos del T-MEC en materia energética, el presidente López Obrador vuelve a lo mismo, argumentando que a él le paga el pueblo de México y que los únicos negocios que le deben interesar son los negocios públicos. ¿Negocios públicos? ¿Y con licitaciones directas, en la opacidad más absoluta? ¿Y la fractura que viene en la relación bilateral con los Estados Unidos por su obsesivo afán de «rescatar» Pemex y la CFE, dilapidando en ello miles de millones de dólares?

Igual que en el Gobierno populista de Luis Echeverría, ignorando que la actividad económica en México, como en todo el mundo, la mueve el sector privado. Podrá no gustarle al Presidente, pero es un hecho irrefutable. En la actualidad, la iniciativa privada mueve en México un monto que supera con creces el de la inversión del sector público, como demuestran las últimas cifras disponibles: la inversión privada representa el 15 % del PIB, mientras la del sector público no rebasa 2,7 %. En pocas palabras, la iniciativa privada hace andar a México, mientras el sector público lo frena. Otra vez, como en los tiempos del presidente Echeverría, apelando a «estrategias» tan ideológicas como demagógicas, ocurrencias y formas de trabajo tan improvisadas como ineficaces, en un contexto que ya entonces, al inicio de los setenta, perfilaba una aguda competencia en términos de productividad. Entre esas ocurrencias, dictadas por la ignorancia, sin orden ni concierto, estuvo la pieza inicial: dictar la política económica desde Los Pinos. Hoy desde el Palacio Nacional, dejando ver su intención de usar las reservas del Banxico para comprar bonos y deuda de Pemex.

Cabe comentar que, incluso en el nivel interior del gabinete, ambos Gobiernos de corte populista registran el momento en que se hizo presente la locura. En tiempos de Luis Echeverría se presentó cuando su secretario de Hacienda, Hugo B. Margáin, que sabía de Economía y manejaba una idea muy distinta a la del Presidente en materia de inversión y desarrollo, quiso detenerlo: «Señor, hay algunas reglas que deben tomarse en cuenta. Hay límites y ya llegamos al límite, señor Presidente». Eso dijo y tuvo que salir del Gobierno. Esto fue ayer —hace casi medio siglo—, pero como nuestra historia es interminable, regresó al escenario de México en el 2019, cuando el doctor Carlos Urzúa, secretario de Hacienda del presidente López Obrador, comprendió que la locura ya estaba declarada y dejó también el Gobierno. Con estas palabras:

Estimado presidente López Obrador:

No sin antes mostrarle mi profundo agradecimiento por haberme dado la oportunidad de servir a México durante este primer año de su Administración, me permito comunicarle que he decidido renunciar a partir de esta fecha a mi cargo de secretario de Hacienda y Crédito Público. Discrepancias en materia económica hubo muchas. Algunas de ellas porque en esta Administración se han tomado decisiones de política pública sin el suficiente sustento. Estoy convencido de que toda política económica debe realizarse con base en evidencia, cuidando los diversos efectos que esta pueda tener y libre de todo extremismo, sea este de derecha o izquierda. Sin embargo, durante mi gestión las convicciones anteriores no encontraron eco.

Abordemos el punto de la historia interminable desde otro ángulo. El tema de la deuda. Cabe comentar que el presidente Echeverría contrató deuda para financiar el déficit fiscal y sus ocurrencias (como la de creer que la intervención estatal fortalecería la soberanía y reduciría la pobreza y la desigualdad); López Obrador parece distinto, pues se ha resistido a contratar deuda. Lo cierto es que solo parece distinto. Al fin de cuentas, su obsesión ideológica ha endeudado igual al Estado. En realidad, es peor ahora, ya que lo ha hecho ¡sin contratar deuda!, esto es, sin recibir nada a cambio, por medio de una ocurrencia donde todo es perder-perder. Suma cero. ¡Genial!

¿Cómo se ha endeudado el país sin contratar deuda? Parecería un misterio. No lo es. ¿Cómo se ha endeudado a millones de ciudadanos, mexicanos de todas las condiciones sociales, sin un «Fobaproa»? La respuesta: por medio de una «genialidad»; la genialidad de una destrucción insensata.

Recapitulemos la destrucción: el Nuevo Aeropuerto Internacional de México, la deconstrucción de los aparatos de gobierno, los recortes presupuestales, la confiscación de los recursos de los fideicomisos para la ciencia, la docencia, la cultura y las artes, las enfermedades catastróficas, el desabasto de vacunas y medicinas para los niños con cáncer, la eliminación del Seguro Popular que atendía a 50 millones de mexicanos sin cobertura, los más pobres de los pobres, el quebradero de empresas medianas y pequeñas debido a la ausencia de apoyos fiscales para proteger las plantas laborales, de la llamada «austeridad republicana» que ha reducido dependencias clave de la gobernanza, el despojo de una parte de los sueldos y del aguinaldo de los empleados del sector público… Una destrucción que le cuesta y le costará al país cantidades enormes de recursos materiales, económicos, financieros y humanos. Una destrucción tal que, unida al pésimo manejo de la pandemia, nos tomará cuando menos una década para volver a tener los niveles con que arrancó su Gobierno en el 2018. Y conste que no recibió un país quebrado, como suele decir. Aunque en menos de dos años lo quebró de tal manera que se ha llevado por delante incluso el destino de la exuberante «Cuarta Transformación». Es cierto que todo se puede medir en números, en cantidades de recursos financieros, pero en el fondo son vidas humanas. Vidas desperdiciadas. Cientos de miles ya fallecidas. Millones que se han sumado a los estamentos de la pobreza y la pobreza extrema de acuerdo con los estudios del Instituto Nacional de Estadística y Geografía (Inegi). Tal es la deuda más nefasta que puede contraer un gobierno con los ciudadanos a los cuales les prometió una vida mejor. Qué importa ahora si mejor. Con la vida a secas hubiera sido suficiente. Pero ni eso.

Hablando de deuda y endeudamiento la lista es larga. Interminable. Si México era ya una tarea inconclusa, ahora lo será más todavía, pues lo que nos faltará tendrá dimensiones todavía más grandes. Irreparables sería la palabra precisa. Leí hace unos meses una reflexión que partía de la pregunta: ¿qué forma tiene lo que nos falta? La respuesta llegó enseguida: tiene la forma moral y jurídica de una deuda. Fue eso lo que más me llamó la atención. Porque a la luz de la destrucción que ha ordenado el presidente López Obrador, a una velocidad impresionante, la conclusión es clara: ha endeudado al Gobierno, al Estado, ante millones de ciudadanos. En este sentido vale la pena recuperar que la noción «ciudadano» nos hace titulares de un crédito, cuyo cumplimiento debe garantizar el Estado. Ese crédito se llaman derechos, son nuestros derechos, y cuando se nos despoja de ellos dejamos de ser ciudadanos de la República para convertirnos en siervos, siervos del señor en el poder. Con razón dijo un día el prócer cubano José Martí: «En nuestras Repúblicas late el feudalismo».

El punto fino dice que la imposibilidad de ejercer los derechos equivale a un robo, a un despojo. Es lo que ha pasado con los recortes de salarios ordenados por el Presidente, con la confiscación de los fideicomisos, con la cancelación de los aguinaldos y otras prestaciones, con el desabastecimiento de medicinas, con la falta de pruebas clínicas para protegernos del covid-19, con la cancelación del Seguro Popular. Una confiscación que ha dejado sin atención médica a más de 70 enfermedades llamadas catastróficas. Mientras esto escribo, octubre del 2020, la Cámara de Diputados, con mayoría de legisladores de Morena, ha aprobado incluso, por instrucciones del Presidente, la confiscación ilegal de los recursos que quedaban del Seguro Popular (33 000 millones de pesos) para financiar sus proyectos faraónicos, entre otros el Tren Maya y la refinería de Dos Bocas, con el doble del presupuesto del año 2020. Más el barril sin fondo que es Pemex, a la cual destinó solo en el 2019 la cantidad de 5000 millones de dólares. Para ello se ha despojado de sus derechos a los mexicanos desde la Presidencia de la República. Feudalismo rampante. O si usted quiere, llámele colonialismo, donde el señor de Palacio se apropia de los recursos de la nación como si se tratara del tributo de los siervos de la gleba.

Pemex, uno de los juguetes favoritos del Presidente. Un juguete carísimo. Tan caro como inútil. Y con un valor a la baja. Veamos la deuda de López Obrador desde este ángulo, el ángulo de Pemex. Al cierre de septiembre del 2020, su valor ascendía a -2,5 billones de pesos, es decir, un patrimonio negativo, un *no patrimonio* por 2,5 millones de millones de pesos. Un número difícil de concebir en la mente. No nos cabe en la cabeza. La pérdida de valor de Pemex en apenas dos años de gobierno de López Obrador ha sido mayor que la pérdida total durante los seis años del presidente Peña Nieto. Digamos que con López Obrador Pemex ha destruido valor a un ritmo nunca visto, a una velocidad espectacular.

Desde otro ángulo: en solo 21 meses, el Gobierno de la 4T ha destruido más de 1,3 billones de pesos. Por persona, eso quiere decir que en 21 meses de gobierno de López Obrador cada mexicano ha tenido que aportar 10 000 pesos para sostener una empresa que pierde valor y recursos cada día a una velocidad mayor. Y eso no es todo, ya que en el 2019 Pemex se quedó corta en su aportación al Gobierno de 200 000 millones de pesos, y para el 2020 serán cerca de 500 000 millones. Son cifras de dinero espeluznantes, inmanejables para un hombre como López Obrador, que ha confesado no andar por la calle con más de 200 pesos al día. De ser así, no sabe de números, no tiene idea de lo que significa ganar y perder recursos obtenidos con el trabajo.

Si usted se pregunta por qué razón el presidente López Obrador confisca los fideicomisos, por qué recorta salarios, por qué cancela becas, por qué no compra medicinas para los niños con cáncer, ni compra ni hace pruebas para la detección oportuna del covid-19, ya tiene la respuesta: porque vació el Gobierno, porque tiró recursos en busca de popularidad al precio que fuera, jugando incluso con la vida de los mexicanos. Pero eso sí, Tabasco tendrá su refinería, que costará 15 000 millones de dólares y que tampoco servirá para nada, pues el mundo entero le está apostando a las energías limpias. Dos Bocas será así el más inútil y costoso de los juguetes que un presidente regala a su estado natal. Qué más quisiera yo que el proyecto de Dos Bocas fuera lo que dice el presidente López Obrador. Amo a mi estado, amo a su gente, que es la gente que me dio el beneficio de su confianza para ser dos veces diputado, senador y su gobernador. Quiero lo mejor para Tabasco, pero la refinería de Dos Bocas no es lo mejor. Sin duda generará algunos empleos, pero nunca será lo que asegura el presidente López Obrador. Cuando mucho será flor de un día o, como decimos los mexicanos: llamarada de petate. Deuda, a fin de cuentas.

La historia interminable. Sí nos ha endeudado el presidente López Obrador. ¿Alguien puede dudar de cómo endeudó a su Gobierno y al Estado con su estado natal, Tabasco, al haber desatendido las inundaciones de noviembre del 2020? Nos ha endeudado con nosotros mismos. Digamos que en el más absurdo del absurdo cada mexicano se debe a sí mismo. Es el precio que paga una sociedad cuando se deja manejar por la demagogia de un agitador social. Y más aún cuando el agitador cree que sabe y procede como sabio.

En este complejo contexto ha surgido con fuerza y determinación una nueva visión en los estados, visión que busca crear un esquema para aprovechar la experiencia que tiene la Organización para la Cooperación y el Desarrollo Económicos (OCDE) para las estrategias de promoción de la economía a nivel estatal y regional. Hay pues una clara conciencia en las entidades sobre el potencial del país a partir del potencial de sus regiones y entidades. Una clara conciencia de cuanto aporta cada municipio, cada estado o región a la buena marcha de la Federación, y de cómo la Federación se queda con la mayor parte de lo que recibe de los estados. Eso motivó que la Conferencia Nacional de Gobernadores (Conago), que iniciara en el sexenio de Vicente Fox, se haya roto con la salida de un grupo de gobernadores para formar la Alianza Federalista. Cabe subrayar que muchos de estos estados han sido beneficiados por la apertura del país con la entrada al Acuerdo General sobre Aranceles Aduaneros y Comercio (GATT, por la sigla en inglés de General Agreement on Tariffs and Trade) en los ochenta, luego con la firma del TLCAN en 1994 y ahora con el T-MEC. A partir de entonces han visto crecer cadenas productivas y económicas internacionales en sectores como el automovilístico, la aeronáutica, el agroindustrial, el manufacturero, entre otros.

Como ahora se sabe, la Alianza Federalista integra estados que se encuentran al norte del paralelo 20, y otros que, sin encontrarse geográficamente en esa zona, comparten el común denominador de no perder lo ganado. Es el caso de estados como Nuevo León, Coahuila, Durango, Chihuahua, Aguascalientes y Guanajuato, que se reconocen en los avances que han tenido y quieren ir por más. Tamaulipas merece una referencia especial, ya que sin hallarse al norte del paralelo 20 cuenta, sin embargo, con un empuje económico envidiable, capaz de consolidar su futuro de mejor manera. Michoacán y Colima tampoco se encuentran al norte del paralelo 20, pero son igualmente regiones que saben que su crecimiento y desarrollo podría mejorar mucho con la apertura a los mercados internacionales y no quieren seguir esperando. Saben de los estados que han conocido el crecimiento económico y buscan formar parte del desarrollo para su gente. En conjunto no quieren ver modificada esa realidad, no quieren ahuyentar las inversiones, no quieren la política de la 4T para su tierra, porque les traerá estancamiento, más deuda en términos de derechos, en términos de pobreza y más desempleo. Deuda social y resentimientos que al Gobierno Federal le caen como anillo al dedo para lucrar electoralmente.

En la Alianza no quieren saber del populismo del Gobierno del presidente López Obrador. Por el contrario, buscan detener la ola destructiva del centralismo y del autoritarismo que reina en el Gobierno Federal, endeudando cada día más al Estado con los ciudadanos, al no satisfacer aquello a lo que tienen derecho. El tema es grave, y debe asumirse en relación con eso que los expertos llaman «progreso improductivo» del populismo, de donde derivan la falta de recursos que enfrenta hoy el Gobierno y la voracidad con que procede al despojo, a la confiscación de cuanto fondo tiene al frente. Despojo de los derechos de la gente, como sucede en estos días, cuando el Presidente le «pide» a los funcionarios medios y superiores que «voluntariamente» devuelvan el aguinaldo que por ley les corresponde. ¡Caramba!

Se ha endeudado el Estado, se ha endeudado el Gobierno, se ha endeudado el país consigo mismo, cada mexicano consigo mismo. Otra pregunta es: ¿En qué está pensando el presidente? La respuesta correcta es: No está pensando. Más bien está en manos de sus obsesiones ideológicas. Todas ellas mortales para el futuro de México. Proyectos absurdos, sin ninguna viabilidad financiera ni capaces de generar rentabilidad, a los cuales el presidente destina los recursos que les quita a los mexicanos, y que estaban garantizados por el Estado.

Este tipo de deuda, a diferencia de las deudas comunes, asume una dimensión histórica irreparable. ¿Qué quiero decir? Que deja marcas, huellas que no se borrarán con el cumplimiento a futuro de estas obligaciones, pues el daño persistirá como una llaga viva en el cuerpo de los ciudadanos despojados de sus derechos. En este sentido estamos ante una deuda histórica.

Los cuerpos no mienten. Los vemos en las calles, a la puerta de los centros de salud, en los plantones que levantan los padres de familia, las madres que reclaman por sus guarderías, los chicos y chicas cuyos cuerpos no dejan mentir. Por si usted no se ha percatado, es pertinente decir que México se sostiene, sin duda, en sus instituciones, pero también se sostiene en los cuerpos de la gente. Por el cuerpo pasan las hebras de la trama de la vida de la nación, trama viva degradada ahora por efecto de esta deuda criminal que ha puesto en marcha el Gobierno de la 4T. Una deuda social que no se cura con la engañosa entrega de dinero en efectivo. A fin de cuentas, tal entrega es constitutiva de la misma deuda impagable, toda vez que el Gobierno la paga sin pagarla de veras, ya que la entrega de dinero en efectivo la convierte el Presidente en un favor personal.

Así, el presidente López Obrador, como en su tiempo el presidente Echeverría, ha contraído también deuda. Deuda todavía más honda, toda vez que destruye la vida institucional de la República como la vida individual de las personas. Grave porque, de no detenerse a tiempo, la nación corre el riesgo de perderse en el laberinto de esta deuda inventada en mala hora por las manías y las ocurrencias del líder de la 4T. Un líder que se comprometió a no contratar deuda y sin embargo lo hizo. Un líder que prometió no fallarle a México y ya le falló. Lo hizo a partir de la primera decisión que tomó cuando aún no había asumido la Presidencia, al cancelar la construcción del Nuevo Aeropuerto Internacional de México el día 29 de octubre del 2018. Aquel día comenzó la caída, marcando así el principio del fin de su propio proyecto, ya que, tras el anuncio y la pantomima de la «consulta popular», el riesgo país para México se incrementó en un 10 %, un porcentaje similar a la caída de la Bolsa de Valores (promediado de entonces a junio del 2019). Aquel día, en cuestión de horas, López Obrador tiró a la basura más de 250 000 millones de pesos. Deuda. Y aún no había asumido la Presidencia.

¿Sabrán quienes festejaron la cancelación del NAIM que pagarían la fiesta con los recortes que estaban por venir? Junto con ello tiró algo tan valioso como los recursos: la confianza, cuya pérdida se reflejó de inmediato en las variables financieras, así como en la inversión privada nacional y extranjera que metió a fondo los pies en el freno. Ante eso nadie que sepa del peso de la credibilidad podía apostar al futuro de una presidencia que sin siquiera haber comenzado formalmente pasaba por encima de la ley en todas sus formas. La contratación de deuda por parte de México comenzó pues aquel 29 de octubre del 2018.

Recuerdo haber leído comentarios de fondo de parte de algunos expertos que, de una forma u otra, coincidían en el diagnóstico. Diagnóstico con aroma de pronóstico: la 4T se acabó. Parecía demasiado temprano, pero el efecto de una decisión fundada en una «consulta popular» no presagiaba nada bueno: si un Gobierno es capaz de hacer eso para no cumplir un compromiso del Estado, no hay por donde creerle nada. Aquel día el Presidente le puso la soga al cuello a los mexicanos, pues sin inversión ni confianza no hay futuro, salvo que el futuro sea el de una vocación de pobreza, de enfermedad y muerte para la nación. A la vez le puso la soga en el cuello a la 4T. De aquí la desesperación, la voracidad desde Palacio Nacional por sacar dinero hasta de las piedras para llenar los fondos que ha vaciado y sigue y seguirá vaciando. Pues el populismo no sabe de otra cosa. Gastar. No conoce la palabra invertir. Tampoco el proceso.

En este sentido, la generación de deuda —ante nuestros socios extranjeros en materia de inversión— también inició temprano. Solo en materia de energía el presidente ordenó posponer subastas, cancelar *farmouts*, y al mismo tiempo impulsar la construcción de la refinería en Dos Bocas (Tabasco), a un costo de 8000 millones de dólares iniciales. Ahora ya cuesta 15 000 millones de dólares. Un proyecto al que ninguna empresa internacional quiso entrar. El problema: falta de confianza, el activo social más importante, crucial, para el desarrollo de los países en el mundo de nuestro tiempo. Confianza que se vio desplomada en menos de tres meses desde la cancelación del NAIM, como lo enseña el Inegi en los indicadores de actividad económica industrial y global entre enero del 2018 —pasando por la «consulta» en octubre del mismo año—, cuando inicia el desplome brutal, hasta abril del 2019.

Sin temor a equivocarme, diría que la obsesión del presidente López Obrador en el tema de energía, en particular con el petróleo, es ya, hoy por hoy, el tema de mayor riesgo para la 4T y, desde luego, para el país. Ha cometido errores de grueso calibre, pero conociéndolo, en verdad no son errores, así que tampoco habrá marcha atrás. Él, desde su mucho saber o su poco saber, o desde su ignorancia respecto de la complejidad del mundo contemporáneo, cree en lo que está haciendo, y por lo mismo ha construido un «estilo de gobernar» por «encargos», es decir concentrando todo el poder, todas las decisiones, un juego en el que se la va a rifar solo, así se lleve a la nación entera por delante. Por el contrario, creo que fincan esperanzas vanas quienes le apuestan a que tal vez un día se dé cuenta de sus errores y corrija. No va a corregir. López Obrador es un animal político... pero de otra edad histórica. Y camina, come y gruñe como tal.

Que hay un nuevo entorno en el sector energético. Que hay la urgencia de definir una estrategia. Que se han dado y se están dando cambios tecnológicos que apuntan al uso creciente de plataformas robotizadas. Que México no debería escapar del nuevo entorno. Que ante esto Pemex se lleva al hoyo a la 4T. Que Dos Bocas tirará más de 15 000 millones de dólares y no cumplirá con las expectativas... Todo eso es cierto absolutamente. El problema es que López Obrador no vive en este mundo. Nació en otro, se forjó en los setenta, y allí se quedó, como esas vidas que un día fueron y se petrificaron en el interior de las rocas volcánicas. De alguna manera allí viven, como fósiles, dicen quienes saben de esto, esperando un cataclismo para volver a la vida soleada. Y en México hubo un cataclismo electoral en el 2018. Y aquí está con nosotros. No va a cambiar. La pregunta es: ¿Qué destino seguirá para la nación?

El caso del presidente López Portillo fue igualmente lamentable. Lamentable en extremo, tratándose de un hombre culto, preparado, inteligente, alguien que cautivó desde su discurso de toma de posesión, considerado uno de los mejores y más brillantes de la historia de México. Tras seis años de populismo y demagogia, por fin un mensaje de sensatez. En un desierto de locura, un oasis de cordura, diría el poeta. Lo triste es que la sensatez del presidente fue solo un arrebato, flor de un día, sueño que duró menos que un sueño, pues cuando se presentó la gran oportunidad, la más propicia y favorable para México con el descubrimiento de los yacimientos de petróleo de Cantarell, sobrevino el final del sueño y la sensatez se fue del escenario tal como llegó. Y a cambio, de nuevo la locura en la casa presidencial. La megalomanía a todo lo alto. El ego superlativo. «López Portillo en un caballo blanco, López Portillo en un caballo negro, López Portillo con una raqueta en la mano... López Portillo en esquí... López Portillo en la cumbre». Palabras del ilustre Julio Scherer García.

No es nueva la historia. Ya lo sabemos. Más aún, podíamos apostar a que se repetiría. Y en efecto, ahora, a poco más de tres décadas, el Presidente con un micrófono en la mañana al venir el alba, por la tarde, los fines de semana, día con día, algo así como para que no me olviden; o con un bate de beisbol en la mano... Me recuerda la figura de Fidel Castro en Cuba, el primer bateador de la Revolución, el primer cortador de la zafra histórica, el primer encestador en la canasta de basquetbol... Recuerdo también la pregunta en aquellos años: ¿Quién será el guapo que se atreverá a ponerle límites a un ego como ese, y bajo tales circunstancias? La sorpresa en México fue que sí hubo: Jesús Reyes Heroles, su secretario de Gobernación. Hubo dignidad en el gabinete del presidente López Portillo. También esta parte de la historia suele volver como el eterno retorno: frente al ego populista hubo dignidad ante Echeverría (Hugo B. Margáin, su secretario de Hacienda); la hubo ante López Portillo, como queda dicho; y la hubo ante López Obrador al inicio de su Gobierno (Carlos Urzúa, su secretario de Hacienda). Reyes Heroles lo dijo con unas palabras francamente inolvidables: «Poco tiene que ver la profesión política con la sobreestimación que conduce a los sueños de grandeza».

Reyes Heroles traía de vuelta la sensatez, pero el Presidente ya había cruzado la frontera que lo convertía en dios. Estaba ya del otro lado de la cordura, y «corrió» a Reyes Heroles. En realidad, no lo corrió, pero lo orilló a renunciar, al más puro estilo de dios en el paraíso del poder. Al son de algo así como los versos que dicen: «O conmigo o contra mí». No hay más. Obediencia ciega. Amarás a dios por sobre todas las cosas.

A partir de ese momento, ya a sus anchas y sin límites, sin contrapesos, dio a conocer proyectos tan desbocados que la gestión del presidente Echeverría pareció de veras austera. ¿Recuerdan que el presidente López Portillo llegó a considerar incluso una planta de energía nuclear en México? Montado en su corcel de sueños, el nuevo presidente se dio el lujo de gastos e inversiones sin planes ni estudios ni planos, solo disparos al aire, proyectos sin productividad. Progreso improductivo. Como anillo al dedo para el México de hoy. En el caso de López Portillo, ya en la Silla del Águila tomó decisiones que equivalían a una inversión de casi 70 millones de dólares por hora... Ni Dios padre llegó a tanto, al tomarle una semana crear el mundo.

El resultado no se hizo esperar: a un año del fin de su Gobierno, entre julio y agosto de 1981, salieron del país cerca de 9000 millones de dólares, y la deuda externa pasaba de 26 000 millones a 80 000 millones de dólares. En agosto del siguiente año, el último de su Administración, un terremoto financiero sacudió el mundo y el sueño de grandeza se convirtió en una pesadilla. Fue cuando el secretario de Hacienda, Jesús Silva Herzog Flores, con toda dignidad dio la cara en cadena de televisión. México estaba quebrado. Quebrado en lo económico y en lo moral. No había rumbo, y había mucho miedo ante una locura todavía más grande: congelación de cuentas de cheques, cancelación y expropiación de cajas de seguridad... No, no había rumbo, sí toda clase de rumores. México estaba quebrado tras los efectos combinados de la locura, el ego desatado y la prédica populista en la casa presidencial. Al cabo de casi tres décadas, en el 2007, Silva Herzog Flores explicaría lo sucedido con estas palabras:

El dinero se nos había acabado. Al finalizar la semana, nuestros recursos líquidos, cubriendo todos los pagos pendientes para esos dos días restantes iban a ser de alrededor de 120 millones de dólares. [Para] el lunes 23 de agosto [de 1981], los pagos al exterior eran de 280 millones de dólares. Imposible. Habíamos llegado al final del camino. Las fichas se habían acabado.

Nadie pudo sintetizar mejor que el economista universitario Rolando Cordera lo acontecido bajo el populismo al cabo de dos sexenios (1970-1982), al llamar a sus lectores a ver sucintamente una sola historia —una historia de ayer, dice Cordera— que es todavía presente. Reflexión que borda con gran lucidez en torno de lo que denomina el problema central de México: el «presidencialismo económico», en alusión al uso excesivo del poder político y del voluntarismo presidencial en la conducción económica del país. Un pasado todavía presente. La historia interminable. La rueda fatal del eterno retorno.

En pocas palabras, los gobiernos de ideario populista no leyeron —no supieron o ignoraron— las señales que emitían las fuerzas productivas nacionales e internacionales. Y si las leyeron, las dejaron pasar. A cambio le ofrecieron a la sociedad y a sus clientelas electorales un caramelo de corto plazo, la salida por la puerta falsa hacia el abismo populista. Tan honda fue la destrucción, que ante los escombros el presidente Miguel de la Madrid no tuvo más opción que afrontar su gestión con un viraje, a la postre un volantazo, orientado a la construcción de un referente acorde con el mundo y el cambio en marcha. Digo escombros, por no decir que el presidente De la Madrid encontró tristeza y coraje, junto a anhelos de cambio en el ánimo de la gente. México estaba en bancarrota y sin rumbo ante un panorama internacional que dictaba el rumbo, y cuya dinámica imponía hacer correcciones, cambios estructurales, reformas institucionales orientadas a ponerse en sintonía con el cambio mundial.

En ese contexto se dio la entrada de México al GATT y luego la pieza maestra del TLCAN en los noventa. Hoy López Obrador puede llamarle a eso, como lo hace a diario, «la oscura noche del neoliberalismo», pero lo cierto es que de no haber sido porque México cambió su postura frente al mundo y abandonó una cerrazón histórica, el mismo presidente Andrés Manuel López Obrador no hubiera celebrado como lo hizo el T-MEC, una renovada versión del TLCAN de 1993, ni habría propuesto que México encabezara la Organización Mundial de Comercio. Tampoco estados como Zacatecas, Yucatán, Baja California Sur y Quintana Roo, que no están en la Alianza Federalista, serían lo que son ahora, exitosos en términos de crecimiento económico. Por lo mismo, todos, de una u otra forma, buscan defenderse de la locura que desde el Palacio Nacional busca regresarlos a la vieja visión de puertas hacia adentro, de la cual se escaparon hace tres décadas.

Hoy, a poco más de treinta años del viraje que comenzó a poner a México a reconocer y reconocerse en el mundo desarrollado, y a competir con éxito con él, la rueda fatal del populismo donde México muere arriesga que el más preciado de nuestros esfuerzos comience a pudrirse. Un retorno fatal a la triste historia del hidalgo montado en su viejo corcel de sueños; el hidalgo aquel que jamás logró reconocer el mundo que se abría ante sus ojos, al confundir las aspas de la energía eólica con gigantes enemigos.

Edificante historia la que enseña estar siempre alertas, pues el pasado no suele pedir permiso para irrumpir en el presente, lo cual incluye, como se ve ahora, el pasado que creíamos haber enterrado en lo más profundo del tiempo. Así las cosas, es de esperar que la memoria no sea estéril. Con ese ánimo nació esta reflexión.

CAPÍTULO 6

¿Cómo salir de la trampa?

Una mirada hacia el futuro

A UNA SOCIEDAD como la nuestra le ha costado batallar para afrontar el futuro. Por tradición cultural los mexicanos no tenemos tanto afecto por el futuro como por el pasado. De hecho, cuando pensamos el futuro, lo hacemos con las visiones y herramientas que guardamos en la memoria. Por eso batallamos con lo nuevo. Tanto que el planteamiento mismo nos divide y hasta nos polariza. Ha sido nuestra historia un devenir modelado por lo que fue, como lo describe Octavio Paz. De aquí deriva la historia interminable, donde juega su *game* el eterno retorno. Cada vez que vamos hacia adelante, por alguna razón damos media vuelta y regresamos. La rueda fatal donde México vive un poco y muere de parálisis aguda. Destacados historiadores y antropólogos mexicanos se han esmerado en examinar y documentar esta singularidad. Desde luego escritores como Juan Rulfo y su *Pedro Páramo*. No digamos sus cuentos de *El llano en llamas*. Obras donde los muertos viven y reclaman su lugar en un México que le hace guiños al olvido. Así lo ha escrito también Carlos Fuentes.

Aun así, en medio de lo que sobrevino en Europa tras el parteaguas que fueron las dos guerras mundiales del siglo XX, México debió afrontar el imperativo de pensar el futuro, un cambio histórico ante la inocultable declinación del ideario de la Revolución de 1910. También las sociedades y culturas de los países de Europa y los Estados Unidos comenzaron a reconstruirse sobre otras bases tras la destrucción y los bombazos atómicos de 1945. Incluso el colonialismo y los imperios coloniales optaron por salir en retirada de los países ocupados. Para América Latina fue un dilema, especialmente para las sociedades con fuertes raíces culturales nativas.

El mundo apuntaba hacia un mosaico más interconectado, sin fronteras. Eso era el futuro. Entre nosotros abrió un dilema: abrirnos o seguir encerrados. Y en el centro del dilema se dibujó una apuesta tal vez demasiado cara, ya que el término «sin fronteras» implicaba poner a todas las culturas a dialogar entre sí, con riesgo para su identidad, un reto inquietante para las sociedades que privilegiaban el pasado. Digamos que no solo nos ha costado batallar con el futuro, nos ha costado también construir la República en forma, la democracia y el Estado de derecho, las tres herramientas fundamentales para afrontar con éxito el porvenir integrado del mundo contemporáneo. Para decirlo con pocas palabras, anclados en el pasado, nos ha costado ser actuales. Especialmente en materia institucional, y en la educación de nuestros niños y jóvenes.

Fueron los jóvenes, tal vez sin asomarse del todo al dilema y los riesgos que contenía, quienes en los años sesenta abrieron una grieta por donde comenzó a colarse el cambio. Una fisura que costó sangre, la vida de muchos de esos jóvenes que se atrevieron a mirar por encima de sus propios ojos. También ellos en lo individual se jugaban su futuro en un país como el nuestro, donde la visión de puertas hacia adentro dominaba sobre la apertura. Un paradigma, el de puertas cerradas, que llamaba a su fin.

Recuerdo a mi padre que, sin ser un joven, se nutría del pensamiento nuevo para plantear al interior del Gobierno y del partido de gobierno —el PRI— una apertura. A él también le costó la vida hacia el final de los sesenta. A él y a su esposa. A mis hermanos y a mí nos costó la vida de nuestros padres ante la fuerza del pasado que se resistía ante un futuro que emergía en busca de un lugar en la movediza sociedad mexicana de aquellos años. Un futuro que reclamaba nuevas instituciones. Años luminosos en verdad esa década de los sesenta del siglo pasado. Vista a distancia, siguiendo a nuestros novelistas y sociólogos, fue una década de jóvenes valientes, creativos y pensantes. Cómo no traer a la memoria lo que representaron *The Beatles* para esa generación, y un título musical que dio la vuelta al mundo: *Imagine*. Era lo que estaba en juego: imaginar en función del cambio democrático y la libertad. Imaginar era un símbolo de la libertad y el futuro, como se deja ver en *Los soñadores* de Bernardo Bertolucci. Recuerdo la consigna que enarbolaba «La imaginación al poder» frente a lo anquilosado y las viejas estructuras sociales, políticas y mentales. No una revolución sino más bien una rebelión, desordenada, sin mucha claridad, pero llena de ideales y anhelos de liberación y cambio.

Así, aunque con reservas y matices, desde luego, se puede decir que la salida del hoyo para México comenzó en esos años. La salida del paradigma que lo caracterizaba como una sociedad cerrada, como el país de un solo hombre, sin contrapesos. En los sesenta comenzó a plantearse la salida del círculo que lo ataba a un espejo, donde México no cesaba de mirarse el ombligo, sin ojos para ver a otros y verse en ellos.

El mundo andaba también en lo suyo después de la destrucción que le había dejado la guerra: pestes, hambre, vidas, escombros, cuerpos sembrados en los campos, sangre en las aguas de los ríos emblemáticos de Europa. Instituciones y modelos de ver, de gobernar, de hacer política, de proyectar se venían abajo. Otro mundo comenzaba a fraguarse durante la segunda posguerra. Eso fue la posguerra —llamada también Guerra Fría—: un período de aquietamiento de la guerra caliente para reflexionar, para crear (desde luego entre tensiones, intereses e ideologías, sobre todo entre los Estados Unidos y la Unión Soviética). Europa perdía la centralidad en el concierto mundial y entraban al relevo las dos superpotencias con ánimo de dominar el mundo. Hasta la Iglesia católica entró a jugar montada en una renovación bajo el liderazgo del papa Juan XXIII y después con Paulo VI.

Se vivía un lapso de búsqueda y, por qué no decirlo, de diálogo de todos para rehacer lazos. Así se dio el diálogo entre cristianos y marxistas. Inimaginable. Que eso es la vida en realidad: contacto. Algo que ahora pasamos a valorar de pronto ante el confinamiento por la pandemia del covid-19. En esa dirección apuntó, entre escollos y con renovadas herramientas, tecnológicas y mentales, el Plan Marshall impulsado por los Estados Unidos, que también afrontaba la crisis del capitalismo. Había que rehacer todo y lo que surgió de allí fueron los cimientos de una nueva configuración de la vida social, política y económica. Nadie podía asegurar con claridad a donde llevaría, pero el mundo entero comenzaba a experimentar modelos para dejar atrás una devastación insensata. Derrotado el fanatismo generado por la ideología fascista, surgía el germen de un nuevo orden internacional. Nuevas instituciones, el despertar de la sociedad civil, la Organización de Naciones Unidas.

En América Latina el pulso vital latía al ritmo de la esperanza y el optimismo fundado en una modernización urbana y una industrialización exitosa, aunque con un enfoque local profundamente nacionalista, muy sensible al tema de la vulnerabilidad externa. Entre 1945 y 1960, México había sido una locomotora con el «desarrollo estabilizador», pero ante el cambio que se perfilaba en los sesenta comenzó a pesarle nuestra tradición política encarnada en un partido único, un partido de Estado, la ausencia de democracia real, efectiva, nuestro mercantilismo local y un sistema arcaico de privilegios y concesiones para las pequeñas élites ligadas al partido y al Estado, lo cual reñía con los vientos de cambio, competencia, democracia y libertad que corrían entonces. Un debate que los países asiáticos, también cerrados y más atrasados que México en ese tiempo —Corea del Sur, Taiwán, Hong Kong, Singapur, Malasia, Tailandia— resolvieron a partir de una visión de puertas afuera, de cara al mundo global. Al cabo de unas décadas, los resultados en términos de progreso económico, educativo y bienestar social están a la vista. Para nosotros también, pero en sentido inverso. Optamos por el encierro y nos estancamos. Pagamos por ello.

En un escenario como el que comento, América Latina no tuvo esa claridad; por el contrario, se quedó paralizada, pasmada en la contemplación de sí misma, y México rendido ante el peso de los intereses de grupos. El economista Sergio de la Peña lo dijo mejor: pasmados «defendiendo nuestro subdesarrollo». Un poco abiertos al mundo, pero con un sinfín de barreras aduaneras, licencias de importación y exportación, control de cambios, subsidios, mercados cautivos, y un poder aplastante de los funcionarios sobre la iniciativa privada. En el caso de México, con una apertura con una fuerte dosis de estatismo, corrupción, «capitalismo de cuates», tráfico de influencias. Apertura sin apertura, propio de nuestra incapacidad histórica para responder con eficacia a los desafíos y dilemas que nos ponía enfrente el momento. ¡Cómo y cuánto nos ha costado ser actuales!

Está claro que México no dio buenas respuestas; con esas palabras lo dijo en su momento el economista argentino Aldo Ferrer. Cuando pudimos y debimos abrirnos, nos pesaron nuestras formas de hacer política, de ejercer el poder, nos pesó un Estado que, siendo el promotor y el principal agente económico nacional, al final se contuvo y contrajo la generación de esfuerzo competitivo. Quedaba claro que la apertura no convenía, no favorecía los negocios hacia adentro. Anclada en una subcultura donde predominan los lazos parentales, la filiación ideológica, las lealtades ciegas, la cerrazón tenía sus recompensas desde el poder por medio de competencias amañadas, aunque en el fondo nos restaba capacidad y confianza externa en la competencia a base de calidad y productividad. Una práctica nefasta, justificada —como ahora con el Gobierno del presidente López Obrador— con el discurso que presume ignorar al mundo exterior en defensa de «los intereses superiores de la nación». Patrañas.

Dicho lo anterior, queda claro que la salida de México de la situación en la que hoy se encuentra pasa, una vez más, por los temas centrales que pusieron los jóvenes de los años sesenta en el centro de la agenda nacional: democracia, libertad y educación. Temas que, durante los años que siguieron al populismo de los setenta, se convirtieron en la base del proceso reformador que, con aciertos y errores, buscó sacar al país y a millones de mexicanos del encierro fatal que lo condenaba a una visión estrecha del futuro. Eso representó la entrada en el GATT y luego la firma del TLCAN. En estos días de noviembre del 2020 lo recuerda bien el internacionalista Luis Rubio:

> Si uno analiza la manera en que se fue conformando el proyecto de reformas a lo largo de los ochenta... el gobierno de Miguel de la Madrid encontró un Gobierno quebrado y una economía desquiciada. Todas sus acciones por los dos primeros años de su Gobierno se encaminaron a intentar reconstruir la estabilidad económica... con el objetivo de atraer inversión y elevar la productividad de la economía. Ese viraje,

enorme, respondía a un reconocimiento crucial: el mundo había cambiado.

Un cambio radical, enorme en concepto, si bien puesto en marcha entre muchas resistencias internas y con décadas de retraso, ya que el tren bala de la integración mundial tenía cuando menos 20 años de haber salido de la estación. Hoy, de nueva cuenta, el presidente de la República vuelve a la receta fatal: no a los negocios privados, sí a los negocios públicos. De nuevo el Estado en lugar de la iniciativa privada, de las empresas en las tareas productivas. El viejo modelo fracasado en los países socialistas, comandados entonces por la Unión Soviética, y en aquellos de América Latina donde hasta hoy persisten las teorías revolucionarias marxistas-leninistas, como en Cuba y Venezuela.

México, como se ha dicho, debía estar en el mundo, y para entrar con éxito la llave maestra se llamaba, y se sigue llamando, «confianza», llave que se activa con el filo suave de una democracia real, un Estado de derecho a prueba de toda forma de discrecionalidad, y un sistema educativo de calidad para formar generaciones de profesionales de alta competencia. Es lo que hicieron y siguen haciendo países como China (después de Mao), Japón (tras los bombazos atómicos en Hiroshima y Nagasaki) y Vietnam (después de la guerra que lo devastó en los años sesenta). Todos con un elevado porcentaje del PIB para la educación. Países que promueven con entusiasmo y con becas la migración de sus jóvenes hacia los centros universitarios de alta formación en el extranjero, mientras acá presumimos la migración de connacionales a los Estados Unidos a cambio de remesas como parte de nuestra política social contra la pobreza.

Me detengo un instante en el caso de China, donde cabe destacar cómo —a diferencia de los países de América Latina— fue capaz de articular parte del legado de Mao Tse Tung con el sabio y audaz legado de Deng Xiaoping, de cuyo contraste emergió la síntesis que le permitió a la República Popular China salir del estancamiento ortodoxo del marxismo y la teoría de la revolución, donde todo lo construido debe ser destruido; donde todo se define con una frase: «No hay más ruta que la nuestra». Punto. Pero hay que decirlo: el pensamiento de Deng Xiaoping constituye una lección: China salió del estancamiento y de la hambruna gracias a que fue capaz de mirar más allá del ombligo ideológico del marxismo y la revolución. Fue capaz de derribar esa muralla china y abrirse a cuanto podía aportarle la experiencia de los países capitalistas desarrollados. Deng Xiaoping sintetizó la nueva visión de China con una imagen: «Qué el gato sea blanco o negro, en tanto pueda cazar ratones, es un buen gato». A partir de entonces —como bien lo expresa Enrique Krauze—, el gato chino aprendió a cazar ratones con eficiencia y eficacia para millones de chinos. En estos días de octubre del 2020 —ha dicho su embajador en México—, «China se encuentra elaborando una hoja de ruta de largo plazo ¡para el 2035! Una mirada larga con miras a la construcción integral de un país socialista moderno». Al cabo de unas décadas, China se ha convertido en un gato desarrollado. El nuestro no.

Por la vía de la apertura corrieron las demandas de los jóvenes mexicanos de los sesenta, más allá del manejo ideológico del estallido del 2 de octubre de 1968. Como se sabe, los jóvenes y sus demandas fueron ignoradas y reprimidas, para luego hundir al país en una regresión populista autoritaria y criminal a lo largo de todos los años setenta y el inicio de los ochenta.

México, así como le ha costado batallar con el futuro, ha temido ser actual. Le ha faltado confianza, determinación, perseverancia, tanto que, cuando lo ha intentado, da media vuelta y regresa hasta más atrás de donde estaba. Bien descrita está nuestra historia cuando se ha dicho de ella que es la historia del tren que sale pero nunca llega. Como el tren que en los noventa salió en busca de poner a México en el mundo y, poco a poco, sexenio tras sexenio, fue aminorando la velocidad hasta quedar paralizado, para venir ahora de regreso a la estación del viejo tren de trocha angosta por donde circuló el ideario de la Revolución mexicana. Y aquí estamos, tratando de poner en marcha a un país complejo con paladas de carbón y combustóleo de la Comisión Federal de Electricidad. Tratando de poner en marcha a un país en manos de un fogonero corrupto y un maquinista elemental.

A pesar de todo, habremos de intentarlo de nuevo. Sin olvidarnos de la receta básica. Democracia a todo lo alto para empezar, porque es un imperativo no olvidar el punto de partida de aquel impulso de cambio. Me refiero al de ayer en los sesenta y el que emerge ahora ante el populismo autoritario de Andrés Manuel López Obrador. Dos veces la demanda democrática contra el mismo mal. Un imperativo cuyo efecto llama a tener presente cuán profunda ha sido y sigue siendo la caída social, cultural, institucional y moral de México en pocos meses de gobierno de destrucción y populismo rampante con la llamada 4T.

Democracia, porque los mexicanos no podemos olvidar que venimos del país de un solo hombre y que de pronto, como en una tenebrosa pesadilla, hemos vuelto allí para asistir ahora a la destrucción obcecada de las instituciones de la República y de las organizaciones autónomas, de la participación ciudadana, de la pluralidad, de la diversidad de intereses legítimos, de los consensos y el diálogo. De allá venimos, y de pronto hemos vuelto al país de un solo hombre, donde se hunden en el oprobio el Poder Legislativo y el Poder Judicial. De esto escribe el economista Enrique Quintana en los días de noviembre del 2020 a propósito de la prohibición de la subcontratación laboral en México:

> Así como el gobierno actual tiene la mira puesta en el sector energético que existía en los años setenta y ochenta del siglo pasado, pasa lo mismo con el mercado laboral... Y lo que vamos a observar [con el fin de la flexibilidad laboral] es una pérdida del volumen del empleo formal. Una parte se va a perder y punto. Y otra parte pasará de la formalidad a la informalidad. Esperemos que en la Cámara de Senadores asuman que *no son empleados del presidente de la República*, sino legisladores que tienen criterio y opinión propia... Si la dejan pasar, se

mostrará que *quien decide en este país es el presidente, con un Poder Legislativo que solo le dice: «Sí señor»*.

Demasiado grave y preocupante observar que el asalto a la democracia, a las instituciones de la República y el Estado de derecho se instruya desde el Palacio Nacional, se opere desde el Poder Legislativo y se vea avalado por la Suprema Corte de Justicia de la Nación. ¿Cuáles son las prioridades del presidente López Obrador? Uno pensaría que en condiciones de sensatez no hay por donde equivocarse: proteger la planta productiva, por ejemplo, de la mano con los empresarios y generar empleos, más aún en el contexto donde la pandemia ha destruido tanto y lo seguirá haciendo. Al respecto, en los días de noviembre, cuando el Congreso discutía la iniciativa para eliminar la flexibilidad laboral, Carlos Elizondo Mayer-Sierra, un experto que fuera embajador de México ante la OCDE, alertaba en estos términos:

> A pesar de que el crimen organizado se encuentra en expansión, la prioridad del Gobierno es la presunta actividad ilícita de los empresarios. Ahora es el turno del *outsourcing*... [que] existe en todos los países para darle flexibilidad al mercado laboral... Las empresas serias que proveen estos servicios cumplen con todas sus obligaciones fiscales y laborales... Sin embargo, como tantas veces en este Gobierno, para curar la uña infectada, mejor amputa toda la pierna.
>
> Mientras en el mundo se piensa cómo estimular la creación de empleo formal, aquí se ponen más piedras en el camino. Si

la reforma pasa como fue presentada [por el Presidente], caerá el empleo formal.

La reforma [que pretende el Gobierno] equipara el *outsourcing* ilegal con el crimen organizado. Esto permite meter a la cárcel al responsable del presunto crimen mientras se le juzga por dicho delito. Es la llamada prisión preventiva oficiosa... figura propia de un sistema autoritario... Urge que la Suprema Corte determine si equiparar delitos viola nuestro marco constitucional.

En efecto, urge defender nuestras instituciones, dado que la democracia, la República y el Estado de derecho no se defienden solas. Se necesita que la sociedad, los ciudadanos organizados en los partidos políticos de oposición, organizaciones civiles, asociaciones de empresarios, académicos, estudiantes, amas de casa, todos a quienes el gobierno de la 4T les ha quitado algo actúen en defensa propia, ya que a la destrucción institucional pronto le ha seguido la destrucción de la vida de millones y, desde el «púlpito de la infamia», como se dice de sus conferencias de cada mañana, le sigue la destrucción de la fama pública de cuanto ciudadano se atreva a opinar en contra de sus designios. Debemos entender que una vez consumada la destrucción, lo que siga será sin duda un México sin libertad ni justicia ni derechos ni empleos ni una vida mejor. Una dictadura en forma y un país de escombros.

Es la hora de la mayoría de las mexicanas y mexicanos de todas las condiciones sociales y credos políticos y religiosos para asumir la gran tarea de reparación del daño que está causando una mentalidad ansiosa de poder total. Repitamos que, si en los años sesenta la tarea del cambio pecó de falta de claridad y de unidad, hoy necesitamos aprender, pues no tenemos otra tarea más importante que recuperar lo que habíamos ganado y ahora estamos perdiendo. Tal proceso de recuperación será la diferencia entre vivir de pie o arrodillados ante el poder y la voluntad enferma de un solo hombre.

México tiene en su haber gente preparada para ello, juristas probos desde la academia, gente seria en los partidos de oposición, incluso en el partido de gobierno, y sobre todo un pueblo decidido y noble para una gesta cuya meta pasa ahora por restablecer las bases minadas de la República. Debe ser esta la tarea central de una oposición mayoritaria y generosa capaz de salirle al paso al riesgo de ver aún más fracturada la unidad de México. Ello implica posponer todo proyecto que divida o que distraiga de lo que debe ser el objetivo central. Detener ahora la destrucción en marcha.

*

Conviene tener presente que en el momento de asumir el poder Andrés Manuel López Obrador, el 1.° de diciembre del 2018, México no estaba en crisis. Las cosas no estaban perfectas, pero el país había dado pasos enormes hacia adelante, empezando por una sociedad cada más fuerte y más organizada. No se diga en términos de contrapesos al poder del Ejecutivo. Con insuficiencias, sí, pero no en crisis, ni en lo económico ni en lo social; ni política ni institucionalmente. México avanzaba en términos de una democratización gradual ascendente, comenzando por un Poder Legislativo plural, donde el Ejecutivo no disponía de mayoría, lo que abonaba al diálogo y a los acuerdos para avanzar la agenda democrática y de reformas estructurales, mecanismo con el que se lograron impulsar algunas en materias clave como educación y energía. No había pues una voluntad única, menos con un Poder Judicial cuyos miembros gozaban de plena autonomía ante los otros poderes de la República.

México gozaba de confianza en el campo internacional, lo cual se veía reflejado en los niveles de inversión privada nacional y extranjera, como demostraba el macroproyecto del Nuevo Aeropuerto Internacional de México con un avance a diciembre del 2018 cercano al 30 %. Así también marchaban los avances respecto de un nuevo acuerdo comercial sobre la base del antiguo TLCAN con los Estados Unidos y Canadá. El tema de la confianza representaba un avance crucial, a partir de un México con una cantidad en ascenso de organismos autónomos y fideicomisos para la docencia, la protección de las mujeres en situación de violencia, para refugios y guarderías, salud, desastres naturales, ciencias, artes y cultura, así como comisiones reguladoras en los campos de la energía, la competencia económica, los derechos humanos, las telecomunicaciones, la evaluación educativa, la transparencia y la rendición de cuentas, las licitaciones del sector público, el acceso a la información en las compras del Gobierno Federal y la atención de enfermedades catastróficas a casi 50 millones de personas no cubiertas por las instituciones asociadas al empleo, como el Instituto Mexicano del Seguro Social (IMSS), el Instituto de Seguridad y Servicios Sociales de los Trabajadores del Estado (ISSSTE) y otras, digamos que con un sistema de salud funcionando, perfectible, pero con capacidad para distribuir vacunas y medicinas a lo largo y ancho del territorio. Sumemos a lo anterior un programa social (en la línea de Progresa-Oportunidades-Prospera) que atendía a 5 millones de familias de forma integral con alimentación, educación y salud, con padrones auditados y evaluaciones independientes del Gobierno Federal. La misma empresa Pemex experimentaba un proceso de adelgazamiento, en virtud de que arrojaba pérdidas por encima de los 120 000 millones de pesos al año, y el objetivo era que se concentrara en exploración y explotación de crudo. Tal fue el país que recibió el presidente López Obrador.

Todo eso hoy ya no existe. «Expropió» los fondos disponibles en aquellos organismos con la complicidad de la mayoría del Poder Legislativo y en los días de noviembre los asignó vía Presupuesto para el 2021 (igual con la complicidad del Poder Legislativo) a las inversiones en sus proyectos insignia (Pemex, Tren Maya, Refinería Dos Bocas y Aeropuerto Santa Lucía), cada uno de los cuales, de acuerdo con los expertos, representa ya una pérdida irrecuperable. Tanto así que no cuentan con inversión privada. Ahora todo es una pérdida constante y sonante, como Pemex con un incremento en el patrimonio negativo por encima de un billón de pesos, más un faltante de ingresos petroleros por otro billón, todo lo cual se reflejará en el Presupuesto de este año (2021) con un faltante del orden de los 500 000 millones de pesos, más el agravante de que, esta vez (a diferencia del 2020), el Gobierno no tendrá cómo cubrirlo. Es la razón por la que el Presidente está pensando en saquear el Banxico.

Sintetizo en pocas palabras: México, lejos de atravesar por una crisis a la hora en que asumió la Presidencia Andrés Manuel López Obrador, mostraba estar funcionando, y la República empezaba a ser cada vez más representativa del territorio común, la casa de todos los mexicanos. La democracia se tornaba gradualmente más inclusiva y participativa, con mecanismos institucionales fuera de todo paternalismo discrecional. En lo social, una gama diversa de organismos evaluadores autónomos reportaba tanto los avances respecto de la calidad educativa como una disminución igualmente gradual de la pobreza y la desigualdad. En lo económico, pese a su complejidad, ya que México tiene una historia en términos de incapacidad para crear una economía competitiva, el remedio venía, como decíamos, con la apertura y la entrada de México en el GATT en 1986 y luego con la firma del TLCAN en 1993, dos hechos con los que se había roto la historia de un México que se negaba a abrirse al mundo y a la competencia externa.

Fueron las reformas y los avances en materia de apertura democrática interna, junto con la generación de organismos autónomos en materia electoral (IFE —Instituto Federal Electoral—, hoy INE —Instituto Nacional Electoral—), más una Suprema Corte de Justicia autónoma por primera vez en la historia del país, y una liberación del Banxico y del tipo de cambio de la tutela presidencial, lo que facilitó la generación de confianza y detonó la inversión extranjera, dada la certidumbre que despertaban la participación de México en el GATT y las cláusulas específicas del T-MEC. A partir de estas claves reformadoras el éxito en los negocios pasaba a depender gradualmente menos de la cercanía con el poder. Obviamente, el llamado «capitalismo de cuates» no desaparecía en automático, pero comenzaban a darse nuevas condiciones que incidían de hecho en la reforma del viejo Estado.

Esta es la sucinta historia del último tramo de la reforma del país para llegar al 2018, cuando Andrés Manuel López Obrador asume el poder. ¿Qué tuvo al frente el nuevo presidente? Tuvo un México determinado a convertirse en un país moderno, de cara al mundo, cosa que obviamente no se concreta de la noche a la mañana. Tuvo un México muy lejos de estar en crisis. Hoy tenemos un México donde la crisis empieza con la llegada de Andrés Manuel López Obrador a la Presidencia de la República, dispuesto a destruir todo, a revertir el proceso de apertura, montado, como hemos dicho, en un vetusto y lento corcel de sueños con los que inicia a machetazos sin ton ni son, sin estudios ni planos ni visión de futuro, el proceso de demolición de lo construido a lo largo de las tres últimas décadas. ¿Cuál es la motivación del Presidente para hacerlo? Temo que, junto con la ideología extremista de una izquierda más bien reaccionaria, lo anima el odio, el ánimo de venganza y desde luego el ansia de poder y reconocimiento. Algo que no lo digo yo solamente, sino que constituye el diagnóstico generalizado acerca de un hombre poseído por una seria turbación personal.

La crisis, pues, debe leerse con clave en una forma verbal que es la favorita de Andrés Manuel López Obrador: destruir. Una forma de pensar y de actuar que lo ha acompañado igual a lo largo de las tres últimas décadas. Desde la quema de pozos petroleros en Tabasco a fines del siglo pasado hasta los desafíos de mandar «al diablo las instituciones» al comenzar el XXI. Sería interesante llevar a cabo un inventario de lo que ha construido realmente al cabo de los últimos treinta años. ¿Alguna organización altruista? ¿Un refugio para madres y sus hijos? ¿Algún centro para la atención de jóvenes adictos? Lo digo a manera de ejemplos. Nada. Eso sí, cómo ha recaudado recursos para sobrellevar su vida como agitador social, sin trabajar formalmente. Larga es la nómina de quienes le han «aportado». Lo demás es el verbo y la acción de destruir, sean personas, instituciones, proyectos... ¡No ha construido, pero cómo ha recaudado para su beneficio personal! Honesto, honesto, pero tras un blindaje donde sobresale su absoluta falta de transparencia. ¿Cómo dice la canción? «Que no quede huella». De eso habla el interesante y documentado artículo de quien fuera Comisionada del Instituto Federal de Acceso a la Información y Protección de Datos (IFAI, ahora INAI). Un artículo donde María Elena Pérez-Jaén cuenta todo lo que le dijo al ingeniero Alfonso Romo en mayo del 2014 acerca de la forma como operaba Andrés Manuel López Obrador como jefe de Gobierno del entonces Distrito Federal. ¿Cómo? Con absoluta falta de transparencia «y de forma puntual de la dura batalla que yo había librado contra Andrés Manuel y su Administración...». Cito a María Elena Pérez-Jaén:

> Le expliqué a detalle (al Ing. Alfonso Romo) los obstáculos que López Obrador y sus diputados habían interpuesto en el 2002 para que se aprobara la Ley de Transparencia en el Distrito Federal y (cómo), cuando finalmente se logró en el 2003 [...] él utilizó todas las artimañas jurídicas dilatorias para retrasar su cumplimiento. En general, López Obrador se negaba a cumplir con la transparencia.
>
> Fuimos [con Alfonso Romo] al tema de los Segundos Pisos. Le dije que el propósito de la creación del Fideicomiso para el Mejoramiento de las Vías de Comunicación (Fimevic) [...] era para ocultar la información financiera del mismo (y de la construcción), así como las decisiones en la asignación de los recursos... le detallé [a Romo] cómo los habían utilizado, la clasificación de la reserva de información, su negativa a ser revisadas las cuentas y el contubernio de su contralora [...] que le habían encargado a Claudia Sheinbaum la operación del fideicomiso [...] porque César Buenrostro, su entonces secretario de Obras, se había negado a hacerlo.
>
> Yo insistía [ante Alfonso Romo] que su «honestidad valiente» era solo demagogia, ya que su gestión había sido secuestrada por una oscuridad cobarde. Había demostrado con creces la discrecionalidad en el destino de los recursos para sus obras faraónicas, y de toda su Administración. Que su manera de tomar decisiones era unipersonal, no escuchaba, le temían y nunca lo contradecían. Que Carlos Urzúa, en ese momento su

secretario de Finanzas, de alguna manera lo había advertido, y le renunció.

Y rematé: «No lo conoces bien (le dije a Alfonso Romo en el 2014), él no tiene amigos sino lacayos que se convierten en cómplices, no eres su amigo, te va a utilizar [...]».

Bien, ya sabemos que Romo le renunció... Te lo dije Poncho, te lo dije...

Es claro que el presidente de México no imaginó que, a la hora de destruir los pilares de un país en ascenso, con una democracia también en ascenso, y con los mecanismos institucionales de la República y del Estado de derecho más auditados por la sociedad, aparecería el covid-19, y su extensión por todo el planeta. Hoy México sí enfrenta una crisis derivada del instinto de destrucción que caracteriza al Presidente. Para tener una idea de la dimensión del abanico de crisis desatado por el presidente López Obrador en escasos dos años de gobierno, me parece relevante la mirada de José Woldenberg, académico y antiguo luchador desde «una izquierda comprometida con la democracia», en el prólogo del libro *Balance temprano*:

> La inverosímil caída del producto interno bruto [...] había sido precedida por un retroceso previo, con un resultado debajo de cero ocurrido en el 2019. A la ortodoxa "disciplina fiscal" —distintiva de cualquier política neoliberal— se agregó la "austeridad" y la obsesiva contención del gasto [...] El debilitamiento del sistema público de salud tiene su origen

en años previos... Su presupuesto venía cayendo. Pero esta situación no se corrigió en el 2019 y tampoco en el 2020 —ni siquiera en el área de control epidemiológico— [...] Las nuevas oleadas migratorias ya eran una realidad a la mitad de la década anterior y representaban un enorme desafío político y humanitario para el Estado mexicano. No obstante, en un giro inesperado, modificó su política hacia los migrantes para hacerla más restrictiva y cruel [...]

El giro dado en el Plan Nacional de Desarrollo ha acentuado el menosprecio a las instituciones y capacidades públicas referentes al desarrollo sustentable. La política cultural vivía una suerte de pasmo, pero ese pasmo fue sustituido por la demolición del modelo cultural que con trabajo apoyaba el Gobierno mexicano. Y en materia política las tendencias no son democráticas: polarización [...] centralización y concentración del poder, aversión a los organismos autónomos, hostigamiento a la crítica y a la prensa independiente, desdén por el diálogo político, lances de imposición autoritaria. El nombramiento tres veces ilegal de la presidenta de la Comisión Nacional de los Derechos Humanos. Ni más ni menos... Actitud que profundiza los síntomas de nuestras patologías previas.

Un abanico de crisis desatado por el propio mandatario, desde su papel como aprendiz de brujo. Una crisis de la cual no sabe cómo salir. Si acaso supo cómo entró, hoy no tiene la menor idea de qué hacer para sacar a México del hoyo. Mago como ha sido para crear conflictos, su historia como agitador social confirma que no es sabio ni bueno para resolverlos.

Vamos, ni con bomberos cuenta para apagar el incendio, ya que —si bien hay excepciones— algunos de sus colaboradores cercanos no pasan de ser —al decir del Presidente— meros «encargados» de lo que en el fondo son sus mandatos y ocurrencias.

Así, ya no existe la democracia en construcción; no hay República ni Estado de derecho ni una Suprema Corte de Justicia ni un Poder Legislativo dotados de autonomía. Hay un solo hombre en el que se encarna Todo. Como en la novela del escritor paraguayo Augusto Roa Bastos *Yo, el Supremo*. Hay un presidente que a la vez es vulcanólogo, antropólogo, sismólogo, meteorólogo, experto en relaciones internacionales, economía y finanzas, ciencias y tecnología. Y como si fuera poco, un espléndido reportero de desastres naturales a bordo de un helicóptero. Todo. El vivo retrato de la República en crisis. Una crisis resultado de una grave perturbación emocional anclada, en este caso, en la difamación y la sed de venganza y el resentimiento. La filósofa Hannah Arendt, conocida por su libro *La crisis de la República*, diría que esa grave perturbación no es otra que «la banalidad del mal», la misma que hoy en México alcanza también a los otros poderes del Estado en tanto obedecen órdenes sin detenerse a pensar en el daño que su obediencia ciega causa a millones de personas sin deberla ni temerla.

Cuando pronuncio la palabra «crisis» me interesa llamar la atención acerca de su gravedad en el México de hoy, dado que esa palabra integrada en el término «crisis de la República» conduce a una situación como la que comienza a enfrentar la sociedad de los Estados Unidos tras el legado de la Administración de Donald Trump: un gobierno fundado en el abuso y la mentira como sistema de poder total y popularidad, situación de la que no estamos lejos en México cuando desde el Palacio Nacional se echa mano de mentiras a un promedio de 70 diarias (Agencia SPIN) entre engaños y autoengaños —falsificación de datos, cifras, igual de fallecidos por la pandemia que de fondos públicos, sobornos y otras acusaciones sin prueba alguna—, dejando a la República en una condición de tal fragilidad que la tarea de defenderla ya no admite duda ni vacilación.

Eso justamente fue lo que determinó en un momento dado que, en el caso de los Estados Unidos (tras la victoria electoral de Joe Biden y el desafío institucional de Donald Trump desde la Presidencia en noviembre del 2020), las principales cadenas televisivas y la misma empresa pública (National Public Radio) dejaran de transmitir el mensaje del aún presidente Trump porque afirmaba «fraude» sin tener ninguna base para la acusación. Era falso. Una mentira. Y el discurso fundado en mentiras no era solo una falta moral: a la vez ponía en riesgo la República. Brian Williams (MSNBC) lo planteó así a sus audiencias: lo dejamos de transmitir «porque no estaba sustentado en la realidad y para nuestro país era peligroso». Luego *The Washington Post* tituló: «Falsedad tras falsedad... Un discurso de histórica deshonestidad».

Hay en los populistas ansiosos de poder una pulsión de destrucción en juego. Temo que hay incluso hasta una dosis de placer e indolencia en la aniquilación, goce que busca legitimarse exhibiendo a los «condenados» con el sambenito de la corrupción, del Mal que debe ser castigado y extirpado desde sus raíces (institucionales), en las llamas de una limpieza moral, convencido de que de sus cenizas surgirá una sociedad más justa. Tomo las palabras de una reflexión sobre el estallido social que se dio en Chile en el mes de octubre del 2019, tras el cual la sociedad misma buscó después una salida institucional, con base en la participación civilizada y democrática. ¿Por qué? Porque se había puesto en riesgo la República, la convivencia democrática y pacífica.

De esta locura derivan los imperativos de recuperación de la democracia, la República y el Estado de derecho. De aquí el llamado creciente a construir una mayoría orientada a recuperar, digamos por lo pronto, el Poder Legislativo en la próxima jornada electoral de junio del 2021. No hay tarea más importante que una reacción de la mayoría, una reacción colectiva generosa, con un solo objetivo: detener ya la destrucción del país. Si se trata de aprender, me parece que las pasadas elecciones de noviembre del 2020 en los Estados Unidos nos dejan lecciones fundamentales. Allá, por fortuna hay, entre otras, una institución básica: el Código de Ética de la Sociedad de Periodistas Profesionales, el cual determina que el periodismo ha de buscar la verdad y que se registre por medio de un trabajo certero, valiente, honesto. Las del entonces presidente Trump no eran verdades, y esas mentiras, al incitar a sus seguidores, fueron consideradas un peligro para la República. La cuestión es muy diferente en México, donde el presidente Andrés Manuel López Obrador se maneja con absoluta impunidad y abuso de poder. Y puede hacerlo porque ni el Congreso ni la Suprema Corte desempeñan un papel en defensa de la democracia, la República y el Estado de derecho. Sin embargo, desde la sociedad estamos a tiempo de aprender de la experiencia estadounidense, que ha sabido corregir a tiempo para encontrar una salida del manicomio en que llegó a convertirse la Casa Blanca en manos de un hombre tan perturbado como Donald Trump.

Hablando de oportunidad para corregir, conviene advertir que la sociedad no solo ha corregido al sacar al Partido Republicano y votar al Partido Demócrata. La corrección ha ido mucho más allá, pues se ha optado por sacar de la Casa Blanca a un hombre vulgar, agresivo, ignorante, y poner a un hombre como Joe Biden con un perfil completamente opuesto: educado, fino, un hombre que sabe escuchar y sobre todo pensar y llegar a acuerdos sin apelar a las amenazas. Una corrección que irradia una esperanza enorme para México. También para el mundo, pues en lo mejor de su ascenso el populismo ha experimentado una derrota contundente en el país más desarrollado del planeta en todos los órdenes. Si se trata de aprender, no es poco aprender de cuánto ha sido capaz Donald Trump para desestabilizar a su país, en aras de perpetuarse en el poder. En los días en que esto escribo no se descartaba incluso que pudiera desatar una ofensiva contra Irán para dejarle a Joe Biden un país en guerra en el Golfo Pérsico. Tal vez cuando se publiquen estas reflexiones quizá no haya sucedido, o tal vez sí. En todo caso, las lecciones de un populista desenfrenado estarán siempre a la vista para aprender de ellas.

En el caso de México las lecciones deben contribuir a que los jóvenes puedan llegar a comprometerse con los valores democráticos, por encima del ruido y la furia que despiertan los liderazgos políticos fundados en la estridencia y el espectáculo mañanero, que hoy, mientras escribía, le tomaba al Presidente más de tres horas de perorata. ¿En qué mundo vive el Presidente? Tres horas dedicadas a fustigar a los medios de comunicación, mientras deja de atender los graves problemas derivados de la inseguridad pública que muestra ya 100 homicidios violentos diarios, el desabastecimiento creciente de medicinas, el repunte acelerado de fallecidos y contagiados por el covid-19. Más de 100 000 muertos y sobre 10 000 nuevos contagios por día. Tres horas, mientras a esa hora en su natal Tabasco eran miles quienes perdían sus casas, animales y enseres por las inundaciones. ¿Le ponemos nombre a la actitud del Presidente? ¿Desprecio, indolencia? Recuerdo sus palabras arengando a los paisanos para exigir del Gobierno Federal la reparación generosa e inmediata de los daños por las inundaciones. Era López Obrador cuando era candidato a la Presidencia. Algo que ahora como presidente ha ignorado. Indolencia. ¿Cómo dijo el presidente López Obrador para justificar su ausencia en Tabasco? «¿Y si me mojo y me enfermo? ¡Noo!».

Mucho han de aprender los jóvenes mexicanos. Entre otras cosas, que las libertades nunca están del todo aseguradas, que pueden destruirse y llegar a desaparecer. Aprender que las sociedades no mejoran a pedradas; todo lo contrario, a pedradas es como los países pierden credibilidad y dejan de ser confiables. Y que cuando eso sucede, el futuro queda prácticamente cancelado y que pueden pasar muchas generaciones antes de que el tejido social de las libertades, los derechos, la democracia y las posibilidades de futuro puedan ser restañadas.

Creo que en México estamos a tiempo. Es el momento. Es la hora de la cordura y la sensatez. Veamos hacia el norte, allá donde los jóvenes se voltearon hacia el perfil de un hombre probo y sosegado como Joe Biden para recuperar el diálogo entre los adversarios, a fin de sentar las bases de un futuro para todos.

Después de tanto dolor y sufrimiento con la pandemia, después de tantas vidas quebradas por el desempleo y el confinamiento obligado, necesitamos volver a mirarnos, conversar, valorar la presencia del otro para diseñar la agenda de la reconstrucción, que habrá de pasar por una compleja agenda económica, pues habrá una enorme restricción de recursos; por la agenda del empleo, de la salud, la gran agenda que pueda traer de regreso a millones de mexicanos y mexicanas que inesperadamente entraron en el círculo de la pobreza y la enfermedad. Una agenda social más allá de la tentadora repartición de dinero en efectivo. Habremos de acordar y diseñar la mayoría de las mexicanas y mexicanos la gran agenda de la gobernanza para una sociedad que sin duda quedará lastimada por la frustración y la esperanza rota después de tanto abuso, destrucción, despojo y falta de sensibilidad desde el poder.

Juntos debemos construir una nueva mayoría en el Congreso, en los gobiernos y congresos locales, así como en los gobiernos municipales, con base en la generosidad de los partidos de oposición, a fin de parar ya la destrucción y el autoritarismo en marcha en el país. En esta perspectiva resultan alentadores y promisorios los acuerdos alcanzados —diciembre del 2020— por los partidos PRI-PAN-PRD a fin de construir una gran alianza política para enfrentar las elecciones intermedias de junio del 2021, cuyo referente es, ni más ni menos, que el Congreso —en particular la Cámara de Diputados— vuelva a ser un Poder de contrapeso al creciente autoritarismo de quien detenta el Poder Ejecutivo.

*

Será indispensable entender que México y los mexicanos hemos comenzado a sufrir una agresión desde el interior mismo del Estado; una agresión montada en el caballito de batalla de la «corrupción»; un fenómeno que, siendo real, por lo menos desde la Conquista y el período colonial, se está usando desde el Palacio Nacional como herramienta por medio de la cual el presidente López Obrador procede a desestabilizar al país, generando él mismo un quiebre institucional, más allá del cual nadie podrá garantizar nada, ni él mismo, ya que lo que sigue a la agresión contra las instituciones de la República es la conversión del Estado en un Estado fallido, terreno propicio para la violencia generalizada y de los carteles del crimen organizado en todas sus formas. Dinamitar el Estado desde el interior del Estado es, hoy por hoy, un crimen de lesa humanidad.

Veamos el punto desde el ángulo de la supuesta batalla contra la corrupción, donde —como argumenta Luis Rubio— la pregunta clave es si la batalla de la que se habla es un instrumento para el avance del proyecto político de la 4T o una estrategia contra un mal que debe ser erradicado. Lo cierto es que todo indica que el Presidente la utiliza con fines políticos, con fines de poder, lo cual da como resultado que, al utilizarla, de hecho, la promueve.

¿Cómo la utiliza y cómo la promueve el Gobierno? A confesión propia, en la voz del presidente López Obrador, la promueve cuando exige lealtad ciega a sus funcionarios. Exigencia que históricamente constituye, a juicio de quienes han estudiado el fenómeno, la clave misma de la corrupción, puesto que tal lealtad ha de ser compensada. ¿Será preciso recordar la versión actual de la divisa del pasado? Veamos: «Que me haga justicia la Cuarta Transformación». ¿Por qué callan o bajan la cerviz tanto los funcionarios como los diputados de Morena? La respuesta es solo una: esperan ser compensados por su lealtad. La historia interminable.

El otro factor que promueve la corrupción es igualmente institucional, pues procede del Gobierno del presidente López Obrador. Mejor dicho, procede de su «estilo personal» de gobernar, concentrando todo, absolutamente todo, en su persona, decisiones, criterios, iniciativas, presupuesto y un largo etcétera, a partir de lo cual han entrado en el escenario, con la misma fuerza de ayer, las facultades discrecionales, arbitrarias, sin apego a ningún código, regulación o criterio establecido y debidamente publicado. Todas —códigos, normas, regulaciones— son condiciones elementales de cualquier Estado de derecho. Un Estado de derecho hoy en riesgo. Añade Luis Rubio: «El punto de fondo es que esas facultades discrecionales han sido siempre una fuente de corrupción dentro del Gobierno, entre particulares y el Gobierno...».

Pregunta al respecto: ¿Quién conoce los padrones, los montos y el destino final de los fondos multimillonarios que maneja personalmente el presidente López Obrador para sus «programas sociales»? «El uso de recursos públicos para nutrir clientelas es corrupción pura y dura» (Luis Rubio). He aquí las dos fuentes clave de corrupción: las prácticas discrecionales y el pago de lealtades. Sigue Luis Rubio:

> Además de los medios tradicionales de corrupción, ahora se suman otros: el perdón y purificación de funcionarios corruptos o empresarios cercanos; destrucción de instituciones; eliminación de proyectos clave para niños y sus mamás (como las estancias infantiles) o la disponibilidad de medicamentos. Todas estas son manifestaciones de corrupción que siguen gozando de plena impunidad... La retórica cambia, pero la corrupción persiste.

En cuanto a la disponibilidad de medicamentos, es evidente que el desabastecimiento de vacunas —a noviembre del 2020— ha impactado en la atención de la salud de los niños y ha agravado el cumplimiento de las metas de vacunación en el contexto de la pandemia (datos de Natalia Vitela, *Reforma*, 15 de noviembre del 2020). Vacunas indispensables para prevenir sarampión, hepatitis, difteria, poliomielitis, tuberculosis, entre otras. Un estudio del Observatorio Mexicano de Vacunación indica que en el 2020 1 659 000 niños que requerían vacunas (o los refuerzos según el esquema de salud) no las consiguieron. Por su parte, el director de Sistemas de Salud y Análisis Estratégico del Instituto de Métrica y Evaluación de la Salud de la Universidad de Washington alertó que en México la cobertura de vacunación está disminuyendo, no solo por el impacto del covid-19, sino también por otras razones, como fallas en la cadena de frío para la conservación de los productos.

Un mérito está teniendo, sin duda, la actual regresión populista autoritaria, al ponernos en la frente la conclusión de que el Estado de derecho forma parte sustantiva de la existencia sana de la República, así como del ejercicio de la libertad y la conquista del verdadero progreso. En manos como estamos del populismo y su capacidad de destrucción, podemos ver con claridad que el rescate del imperio de la legalidad es la vía por donde debemos caminar los mexicanos. Legalidad y más legalidad. No más discrecionalidad y voluntarismo presidencial.

Salir del hoyo donde el populismo de hoy ha metido al país requiere tener en cuenta la democracia como principio. Esto significa que la democracia no es canjeable ni negociable, por cuanto la democracia sostiene la vida de cada uno, sea de izquierda o de derecha o de centro, de arriba o abajo. Cada uno cuenta. Cada cabeza cuenta en la democracia como principio, donde las piezas clave son reglas y procedimientos acordados.

Para la democracia como principio una cosa es *contar* cabezas y otra muy distinta *cortar* cabezas.

Hay, desde luego, un sinfín de tareas: es larga la lista de necesidades, agravios y rezagos. Larga es la deuda del Estado con los ciudadanos todos. Sin embargo, en esta hora debemos distinguir lo principal para asegurarnos de que la lista no siga creciendo y que, a la postre, obstaculice alcanzar con éxito la salida. Por eso hay tres objetivos básicos para generar acuerdos y consenso: democracia real, efectiva; reconstrucción de la República, y Estado de derecho. Este es el partido que no divide ni polariza. El partido donde debemos estar ahora los mexicanos. Un partido donde se generen y expresen todas las corrientes de pensamiento, entre ellas la corriente de la suma pragmática de voluntades, en tanto abre y no cierra las posibilidades de liberarnos del desastre. ¿Por qué suma de voluntades y suma pragmática? Porque pone las bases para cerrarle el paso a la locura que nos ha conducido hasta aquí.

La suma generosa de voluntades es una condición para la reorganización de la vida social, pues obliga a dialogar y tomar decisiones con autonomía de juicio y perspectiva estratégica, en cuyo horizonte inmediato se encuentra recuperar el contrapeso que representa el Poder Legislativo, para restablecer el régimen democrático, la República y las condiciones del Estado de derecho.

Un universo donde nadie tiene la última palabra. Donde nadie es dios. Todo lo contrario del punto adonde está siendo llevado el país. Cabe decir que en este terreno nos urge un presidente de la República, no un agitador social en busca de revivir la épica bolchevique del asalto al Palacio de Invierno en Rusia. Bien que sabemos a dónde conducen los asaltos al poder y a las instituciones. La historia está llena de ejemplos que no dejan la menor duda: la Unión Soviética con Stalin, China Popular con Mao, Cuba con Fidel Castro, Venezuela con Hugo Chávez y Nicolás Maduro, y Nicaragua con Daniel Ortega, dictaduras pobladas de sufrimiento, de crímenes y pobreza para todos es el destino histórico de cuanta revolución inspirada en el marxismo se ha intentado.

Junto a las tareas centrales comentadas, hay materias importantes sobre las cuales llegará también la hora de definir la racionalidad que nos permita ganar posiciones ante los cambios deslumbrantes que tienen lugar en el mundo y las tecnologías de hoy; donde la educación de alta calidad y los conocimientos de punta han puesto a las estrategias para el crecimiento y el desarrollo sobre nuevos ejes y paradigmas.

Decíamos en las páginas anteriores que los actores del cambio son los jóvenes que se encuentran frente a miles de millones de computadores, conectados a las redes mundiales de las ciencias, el comercio de gran escala, la innovación en todos los órdenes. Hasta ayer —todavía hoy— agitadores y revolucionarios hechos a la antigua han creído que la gran estrategia del desarrollo y la batalla contra la pobreza y la desigualdad pasa por expropiar y estatizar industrias, empresas productivas, o por tapar el sol con el dedo de la ideología y cerrarle el paso al mundo exterior, a la ciencia, a la competencia y el conocimiento. Frente a esta amenaza real no nos queda sino asumir una visión que ponga en su lugar los viejos paradigmas que ya no sirven, *ponerlos donde deben estar*. Esta es una expresión que me recuerda a Carlos Fuentes cuando tocó el tema de la globalización, la cultura y la necesidad que teníamos los latinoamericanos de abrirles paso a nuestros jóvenes para saber, formarse, competir y crecer en la competencia:

> Yo no tengo miedo [al mundo externo], porque sé separar la basura de los buenos contenidos. Pertenezco a una generación de escritores latinoamericanos que no habríamos escrito nada sin William Faulkner, sin Ernest Hemingway, sin John Dos Passos. ¿Cómo vamos a negar la enorme potencia de la cultura de los Estados Unidos, de la música de Gershwin, del buen cine de Hollywood, del teatro de Eugene O'Neill o Arthur Miller? ¿Vamos a negar eso en nombre de nuestra pureza cultural, de nuestra virginidad cultural? Claro que no.

Al recordar a Fuentes traigo a cuento a Elías Canetti, otro gran escritor:

> En oposición a la masa *abierta* que puede crecer hasta el infinito, está la masa *cerrada* que renuncia al crecimiento. Es comparable a un cántaro... una vez que está lleno no admite a nadie más... La masa cerrada gana en estabilidad pero sacrifica el crecimiento... Protegida de influencias externas se realiza en la *repetición*...

Necesitamos ser actuales. Con referencia a ser actuales, pongo un ejemplo en torno al «bienestar», visto que el Gobierno de

Andrés Manuel López Obrador ha creado una secretaría de Bienestar. Sin embargo, es importante advertir que la concepción progresista del bienestar no va con la política centrada en distribuir dinero en efectivo, propia de una estrategia clientelar, cuyo efecto más perverso es la generación de una mentalidad «asistida», en espera de la dádiva, y no del usufructo institucional de un derecho. Por donde se le mire, el supuesto «bienestar», fundado en la distribución de dinero en efectivo y de manera discrecional, más temprano que tarde deviene en corrupción, auspiciada por la suprema figura del presidente de la República en lo personal.

Así, en el marco de la tarea de recuperación de la República y del Estado de derecho cabe la puesta al día del «bienestar», en términos de adaptación a las nuevas condiciones de la competitividad. Una actualización del bienestar que ponga al centro la inversión en capital humano, inversión en formación, para generar mayor igualdad intergeneracional, dado que la misión del bienestar debe asegurar que las condiciones de partida de los jóvenes sean similares, lo cual rebasa con mucho la precaria idea de los agitadores sociales de viejo cuño, estancados en un mundo de hace medio siglo.

Para ser actuales en materia de bienestar, México necesita la recuperación de los tres pilares de referencia: democracia, reconstrucción de la República y Estado de derecho. Digo recuperación desde una visión renovada de cara al mundo que corre hoy a la velocidad del tren bala. Digo recuperación porque está en juego «devolverle al pueblo lo que le ha robado» la demagogia y el populismo. Devolverles a las comunidades su poder, su autonomía, la iniciativa a las personas, a las organizaciones. Necesitamos parar la maquinaria clientelar-electorera, porque lejos de romper la transmisión de la pobreza de una generación a otra, el populismo busca perpetuarla, a fin de perpetuarse en el poder.

La concepción actual del bienestar pasa por un nuevo contrato entre individuo y Gobierno, donde la educación de los jóvenes se vea orientada a superar el desfase respecto de la velocidad del conocimiento. Es en este desfase donde comienzan las causas del atraso y la desigualdad social. No se trata de repartir dinero en efectivo. Se trata de invertir recursos a fin de empatar la educación de los jóvenes mexicanos con la velocidad de los conocimientos. Es lo que han llevado a cabo los países que habiendo estado por debajo de México hace medio siglo ahora se encuentran en los primeros lugares de la competencia mundial. Si no lo hacemos, nuestros jóvenes tal vez tendrán algo de dinero en los bolsillos, pero condenados a ir a la zaga, y a nuestro país en condiciones de un atraso insuperable y eterno.

Tomará tiempo y requerirá la generosidad de todos recuperar los tres pilares básicos para poner a México a caminar hacia la meta de convertirse en un país desarrollado. Tomará tiempo recuperar el proceso democrático que estaba en marcha cuando comenzó la destrucción del Gobierno de Andrés Manuel López Obrador. Tomará tiempo reconstruir lo que habíamos avanzado en términos de una República en forma, mediante una cada vez más progresiva autonomía de los poderes del Estado, instituciones y organizaciones sociales, culturales, empresariales. Tomará tiempo restablecer y desarrollar lo ganado respecto del Estado de derecho. Todo ello tomará tiempo, pues la construcción siempre será más lenta que la devastación. Tomará tiempo porque recuperar significa construir innovando, y esto exige pensar, requiere ciencia, prudencia, cálculo y perspectiva estratégica. Esto último, sobre todo. Demoler no cuesta nada. Basta tomar el bate y a darle, como si se buscara un jonrón solitario desde la primera entrada. Así de fácil, sin necesidad de ciencia alguna. Construir tiene en cuenta la complejidad del proceso, sobre todo después de la destrucción. Tiene en cuenta el respeto de los derechos, sobre todo de las minorías, donde cada vida y cada circunstancia es valiosa, algo desconocido para la demolición arbitraria, donde reinan las «instrucciones desde arriba» y el dominio de una mentalidad indolente.

Tomará tiempo. Más aún en un contexto tan limitante como el que ha dibujado la pandemia del covid-19. Pero no tenemos otra opción, cuando las matrices que hemos descrito constituyen la columna vertebral del país que soñamos y queremos. Por fortuna, tiempo es lo que requiere una perspectiva estratégica de largo plazo; una perspectiva que le ponga fin a la historia interminable, cuya cuna de origen son precisamente los sexenios, la perspectiva corta de miras, donde cada gobierno se asume fundacional, y donde cada presidente se torna dios, para dilapidar recursos a partir de sus obsesiones. Así cada seis años la misma historia.

Retomando el tema de la inversión en recursos humanos —crucial para salir del hoyo— debemos reconocer que históricamente México no ha contado con las herramientas adecuadas para el objetivo de empatar con la velocidad de los conocimientos. Y el gobierno de Andrés Manuel López Obrador se está encargando de destruir las pocas que teníamos en alianza con una casta de agitadores que se han hecho llamar «maestros» o «mentores». El punto, sin embargo, es decisivo, ya que, si México no logra formar jóvenes con un muy elevado nivel de competencia en todos los órdenes del quehacer mundial, se estará condenando por mano propia a vivir, a sobrevivir, en el «paraíso» que genera el populismo, la trampa del atraso, la pobreza y la desigualdad.

Digo grave porque lo que viene —desde ahora, del 2021 en adelante— perfilará un dilema caro para las naciones como México. Naciones ricas con posibilidades de desarrollo, pero miopes en términos de perspectiva estratégica. Miope por falta de democracia real, de una República institucional en forma y un Estado de derecho a la altura de la confianza que exige la complejidad del mundo de nuestro tiempo.

Lo que viene —unido a los estragos de una pandemia que no cede y no cederá pronto— pondrá a las naciones como México ante un dilema que —de persistir como estamos— tal vez no logremos resolver sin generar un sufrimiento y una lastimadura todavía mayor a lo que millones de mexicanos han vivido hasta aquí.

En cuestión de meses de pandemia los países desarrollados han pasado ya por dos fases de contención de daños... México ha sabido de estas dos fases, pero ha subordinado su tratamiento a la popularidad del Presidente, al contrario de los países desarrollados, que desde la primera fase operaron con el cierre casi total de sus economías, implementando planes de contención, con apoyos importantes a la planta productiva, incluso transferencias a los trabajadores. En México, el Gobierno de López Obrador no hizo prácticamente nada. Lo poco que operó fue menos de un punto porcentual del PIB. Nada. En contraste, otras economías, incluso más limitadas como la de Chile, operaron planes de cuatro puntos porcentuales del PIB. Luego, a partir de julio del 2020, la segunda fase de los países desarrollados se orientó igualmente a contener el impacto, cuando la pandemia parecía ir a la baja, por medio de una reactivación económica y transferencias a las personas, y ya no tanto a las empresas. México, en cambio, respondió con una «nueva normalidad», sacando a la gente a la calle, bajo su propio riesgo, a buscar el sustento alimentario y algo de dinero para llevar a casa. ¿Cómo se llama lo que hizo el Gobierno? Tiene un nombre: indolencia. La misma indolencia que mostró ante las inundaciones en Tabasco. «Yo no me quiero meter», dijo en una mañanera el presidente. «¿Y si me mojo?».

Al momento de escribir esta parte de la reflexión (noviembre del 2020), tras las dos fases mencionadas las empresas prácticamente han agotado sus reservas, de modo que lo que viene será un período con muchas dificultades para cubrir impuestos postergados, deudas y demás cuentas por pagar. Con toda razón y realismo el presidente del Banco Internacional de Pagos, Agustín Cartens, ha comenzado a alertar acerca de una onda expansiva de la crisis económica generada por la pandemia, así que esto no ha cedido. Más bien, al contrario, lo que viene desde ahora será un quebradero de empresas, por lo que será necesaria una nueva fase de programas de apoyo que esta vez se topará con un dilema brutal, pues el Gobierno se habrá vaciado de fondos, después de haber dilapidado los que le dejaron los gobiernos anteriores.

Ante ese panorama, lo más probable es que el dilema se resuelva en el duro campo de la competencia, donde la innovación tecnológica será el gran árbitro o el juez ante la vida o la muerte de las empresas, del empleo de millones de personas en el planeta. Un dilema serio para los países como México que, en vez de ir hacia adelante, comenzó a ir en busca del futuro caminando hacia el pasado, despreciando y quitándole recursos a la inversión productiva, a las ciencias, la cultura, las tecnologías, la salud y la protección de los mexicanos, destruyendo, malgastando recursos en sus proyectos faraónicos, recursos que nos harán falta para afrontar lo que viene.

En un escenario como el que se avizora, con menos recursos, solo la innovación unida a la formación de capital humano de alta competencia podría impedir que el país se nos desplome. ¿Por qué la innovación y la formación de capital humano de alta competencia? Porque siempre ha sido —y ahora con mayor razón— la clave que permite producir más, mejor y a menor costo y con ello ganar mercados. Esto no lo podrá comprender nunca un populista. No sabe de qué se habla cuando se pronuncia la palabra producir y generar riqueza. Sin embargo, el hecho es irrebatible: si un país no logra concretar la innovación tecnológica a gran escala y a la vez una formación de recursos humanos de alta competencia, más pronto que tarde verá caer la vida y la calidad de vida de su gente.

Esta breve ecuación —para que sea posible generarla— requiere que México recupere su condición como democracia, como república institucional y como sede de un confiable Estado de derecho. Democracia, porque debe propiciarse un entorno favorable a la pluralidad, los consensos, el diálogo y los acuerdos que dan certidumbre de la mano de la legalidad. Nuestro país debe dejar de ser el país que ha devenido con el presidente Andrés Manuel López Obrador: sujeto a la voluntad y los caprichos de un solo hombre. Un páramo donde nada existe más que Él, su voz y sus ocurrencias. En tanto no se deshaga este nudo, México carecerá de condiciones para remontar y salir del hoyo, pues el país de una sola voz y una voluntad por encima de todo no es confiable para nadie que pretenda hacer inversiones productivas. El Presidente lo acaba de reiterar: «Por encima de ley está el pueblo». Y el «pueblo» es él. Adiós a las inversiones. Democracia es la primera clave para generar confianza y reactivación económica con vistas a la recuperación de los millones de empleos perdidos. Así, en un panorama como el que viene, vale mucho la pena advertir que la ideología de la revolución nada bueno engendrará. Bastan tres botones de muestra: Cuba, Nicaragua y Venezuela, naciones hermanas atrapadas cada una bajo la voluntad de un solo hombre, hundidas en un estancamiento que tiene décadas, sin contar las que faltan. Tres naciones cuya decadencia inició con una revolución como la 4T: destructiva, voluntarista y autoritaria.

¿Queda alguna duda después de haber visto cómo el Presidente puso a México junto a los más retrógrados e impresentables autócratas del mundo? Junto a Donald Trump, con quien desarrolló una fraternal relación, y quien desestabilizó a los Estados Unidos, un país con el que tenemos un tratado comercial, un país en el que viven y trabajan millones de familias mexicanas. El presidente alineó a México con Jair Bolsonaro, un autócrata que ha hundido a Brasil después de lo que logró el presidente Lula, quien lo ubicó junto a los países emergentes con grandes posibilidades de alcanzar la anhelada meta del desarrollo. También el presidente puso a México junto a Vladimir Putin, de Rusia, y Recep Tayyip Erdogan, el grotesco tirano de Turquía. ¿Qué trae el presidente Andrés López Obrador en la cabeza para poner a México en el «selecto» círculos de estos autócratas? Por un lado, una lealtad demencial a Donald Trump, que lo llevó a no reconocer la victoria democrática de Joe Biden, lealtad que deja mucho en qué pensar. Por otro lado, trae también el presidente una revolución con la huella dactilar del autoritarismo «bolivariano», una revolución que hará más pobres a los pobres y más oscuro el porvenir para el país y sus jóvenes.

Es cierto que el daño está hecho. En menos de treinta meses México ha visto destruidas vidas humanas, empresas, hogares bajo las inundaciones, jóvenes que han perdido sus becas para estudiar, mujeres violentadas que han perdido sus refugios, madres sin guarderías, académicos sin recursos ni posibilidades de sacar adelante sus investigaciones científicas, maestros con sus centros de docencia cerrados, el dolor de los padres cuyos hijos con cáncer han perdido la vida por el desabastecimiento de medicinas, hombres y mujeres abandonados a su suerte ante enfermedades como la diabetes, la hepatitis y el sida... Y por otro lado, miles de millones de pesos y de dólares tirados a la basura...

El daño está hecho. Sin embargo, tenemos la puerta abierta para corregir. Eso sucedió en los Estados Unidos cuando la mayoría de los ciudadanos sacaron por medio del voto a Donald Trump de la presidencia. Es lo que debemos hacer a partir de la primera escala, que es la próxima cita electoral del 2021. Corregir ganando la mayoría del Congreso. Corregir mediante la voluntad generosa de los partidos y una amplia participación ciudadana en defensa de la democracia, la República y el Estado de derecho. Corregir en defensa del futuro de nuestras hijas e hijos y nuestras familias. La hora de corregir está cerca.

CAPÍTULO 7

Desafíos de una nueva era

Democracia, instituciones, legalidad

D ECÍA EN las páginas anteriores cuánto le ha costado a México batallar con el futuro. Cuánto le ha costado ser actual. Cuando lo ha intentado, la historia interminable muestra que siempre acabamos regresando al pasado. La rueda fatal del eterno retorno donde México muere. Ahora nos encontramos en la misma tesitura, solo que esta vez nadie le perdonará a México no abordar el tren bala donde corre el cambio del mundo con la revolución tecnológica digital a bordo. Nada ni nadie le perdonará haber abordado el tren equivocado, el viejo tren de trocha angosta del siglo antepasado y, lo que es todavía más grave, haberse montado en él y darle marcha atrás.

Para la mayor parte de los países y sociedades del planeta la revolución digital que surgió en los años noventa del siglo pasado llegó para modificar de cabo a rabo los paradigmas económicos, políticos, sociales, históricos y culturales. Igual como en su tiempo fueron la imprenta de Gutenberg y la Revolución Industrial, alterando todos los patrones y modos de vida. Aleccionador resulta el hecho de que los países que ignoraron el cambio, o se refugiaron nostálgicamente en sus valores tradicionales, pagaron el precio con desigualdad, atraso, pobreza y desempleo. Temo que esta vez el impacto será peor, en un planeta poblado con más de 7000 millones de habitantes, en disputa por los cada vez menos recursos disponibles, ante una crisis ambiental que exige el uso de tecnologías eficientes y menos contaminantes, y a las personas —como fuerza laboral— a ser más capaces y competitivas. Es allí donde se debatirá la existencia humana en los próximos años, en la arena de la competencia. Lo cual exige desde ahora una educación capaz de empatar con la velocidad del conocimiento. ¿Habrá reto más grande que este, ante el bajo desempeño de nuestros estudiantes ante las pruebas y evaluaciones a nivel mundial y la conocida resistencia de los maestros a ser evaluados en preparación y conocimientos?

Comentar en este capítulo el impacto que tienen los cambios en el mundo, en las sociedades y en la vida de las personas me lleva a una escena familiar, con mi padre a la cabeza, allá en los lejanos años sesenta, cuando invitó a casa al escritor Carlos Fuentes. Recuerdo que el escritor habló de sus novelistas favoritos, entre los cuales mencionó al británico Charles Dickens, de quien resaltó su vida tan precaria en la Inglaterra de la primera mitad del siglo XIX, tras la Revolución Industrial y los inicios del capitalismo. Nos dijo cómo fue leído masivamente, hasta convertirse en el gran escritor que llegó a ser, reconocido por algunos tan grandes como él, como los rusos Tolstoi y Dostoievski. Comentó Fuentes el costo humano que traía, paradójicamente, el progreso y la impotencia de los países, de los gobiernos y las personas para detenerlo. Más bienestar y a la vez menos empleo. El impacto de la máquina de vapor fue devastador en los sectores más pobres y dejó a millares de ingleses sin puestos de trabajo. Charles Dickens conoció en carne propia el impacto de aquella revolución. El testimonio de toda su precaria vida se encuentra en sus novelas.

En México tuvimos a Juan Rulfo —dijo Fuentes— y sus cuentos de *El llano en llamas*, cuando en nuestro país comenzaba el proceso de modernización, que tan caro resultaría para el campo y los campesinos. Surgía con fuerza la ciudad, pero el campo empezaba a quedar rezagado. Eso era ya entonces el fin de la Revolución mexicana. Gabriel García Márquez nos contó algo parecido en *Cien años de soledad*, al escribir la historia de cómo desapareció Macondo ante la hojarasca del progreso que lo arrasó. El tren amarillo pasó por encima de todo. Hoy será el tren bala de la revolución digital.

La historia enseña que poco o nada sirve correr contra el viento. Más temprano que tarde se termina abatido. «Como anillo al dedo», dijo el presidente López Obrador que le había caído la pandemia de covid-19, «como anillo al dedo». A la luz de lo que comento, creo que nunca supo cómo ponerse el anillo, pues a noviembre del 2020, la pandemia ya había acabado con la vida de más de 100 000 mexicanos y mexicanas. Cien mil, según cifras oficiales, pero sobre 300 000 de acuerdo con los centros de investigación más confiables en la materia. Quedamos en espera de saber cuántos más serán cuando estas reflexiones vean la luz pública, en el primer trimestre del 2021. Por lo pronto, la Organización Mundial de la Salud (OMS) le ha llamado la atención a México por no haberse tomado en serio la pandemia del covid-19.

«Como anillo al dedo», dijo el presidente López Obrador, y en lugar de ir hacia adelante aceleró el paso para correr en sentido contrario. Eludió afrontar la pandemia con los instrumentos de la ciencia y las tecnologías sanitarias más avanzadas. Se empeñó en proteger los índices de su popularidad política antes que la vida de los mexicanos, y como los compañeros de Ulises en su regreso a Ítaca se tapó los oídos con cera para no oír el canto que lo apartara de su ruta. Así inició su Gobierno, ignorando la opción de fortalecer los mecanismos institucionales que le permitieran al país conectar más y mejor con el mundo, con prontitud, sabiduría y competencia. Al contrario, prefirió cerrarse. «No hay mejor política exterior que la interior», dijo, y mandó traer cadenas y candados y cerró las puertas. Con ello en mente mandó a México a quedarse fuera del mundo en marcha, ignorando que una había sido la puerta de entrada en la crisis del covid-19 y que otra muy distinta sería la de salida al mundo pospandemia.

Nos costará cara la ignorancia. A millones de jóvenes los pondrá a debatir sus vidas sin horizontes por delante. ¿Habrá algo peor para un joven? ¿Quedarse anclados en las márgenes de la nueva civilización que ya abraza a continentes enteros? A ellos les ha recetado el Presidente el modelo de su propia existencia como agitador social, sin formación, sin estudios, sin conocimiento del mundo, sin la experiencia de ganarse el sustento en la competencia laboral. Hay que decirlo: cuando no se sufren los estragos del desempleo, resulta fácil recetarle a los demás «austeridad», que para millones de los padres de familia significa cortarles las alas a sus hijos estudiantes.

Sí, nos ha costado mucho batallar con el futuro. Nos ha costado ser actuales. Darnos cuenta de que la dinámica de la historia no permite ignorarla. Hoy el desafío es inevitable. Y ya no hay cómo ignorarlo o esquivarlo. Aunque pueda ser ignorado, como hace el gobierno de la 4T. Sin embargo, las consecuencias no han tardado en desbaratar los hilos del tejido económico, sanitario, social, institucional y familiar. Tengo en la mente el dolor de una mujer de manos curtidas y rostro humilde que, con el agua hasta el pecho en Tabasco, durante las inundaciones del año pasado, le dijo a su vecina lo que pensaba: «Nos está matando». Entre tanto, el Presidente supervisaba el desastre a distancia, desde un helicóptero. No hubo ayuda del Gobierno para la gente. Y es que ha dejado sin fondos lo que había para desastres. Sin fondos y sin futuro. ¿Qué podría ser más grave? Solo la ignorancia y la indolencia. Porque seguro eso quedará en la biografía de la 4T, la indolencia y la ignorancia del Presidente: lo cierto es que nadie ha contado para él: ni las mujeres y sus guarderías, ni los niños con cáncer ni los damnificados, tampoco los científicos, los cineastas, las mujeres violentadas, tampoco los que padecen enfermedades catastróficas, los periodistas, las víctimas a las que prometió atender. ¿Quién ha contado para el Presidente? ¿Alguien aparte de él y su popularidad? Ignorancia. Una de las formas más humillantes y perversas de la indolencia. Como la de cerrar los ojos y taparse los oídos para ignorar el futuro.

Quienes saben de futuro indican que la situación se pondrá peor. Lo digo porque tuve la fortuna de seguir algunas de las mesas y ponencias de la Feria Internacional del Libro de Guadalajara 2020. Importantes y sugerentes las lecciones de Jacques Attali y Yuval Noah Harari, quienes argumentaron en torno a los saldos de la pandemia que, en el caso de México, nos tomará una década volver a las condiciones del 2018. Tan solo a noviembre del 2020, el Coneval daba a conocer que la proporción de mexicanos que no podía adquirir la canasta básica alcanzaba ya el 44,5 %. De tal magnitud era entonces el nivel de empobrecimiento de los mexicanos. ¿Cómo era? ¿«Primero los pobres»? El dato dice una verdad lacerante: que los hogares consumen menos que con los gobiernos «neoliberales». ¿Crecen las exportaciones? Sin duda. Pero el tema no es como para celebrar, pues si crecen las remesas y las exportaciones, los hogares consumen cada vez menos. Celebrar el crecimiento de las exportaciones equivale a celebrar que la mayor parte de los mexicanos ahora son más pobres. Así va la tendencia y no se ve ánimo de corregir.

A lo anterior debemos sumar los desafíos de una revolución tecnológica que toca la puerta de todos los países del planeta, revolucionando el conocimiento, el quehacer y el perfil de las empresas, los modelos productivos y de consumo, la gobernanza de las sociedades, particularmente en los países desarrollados. Una revolución en términos generales ignorada en América Latina. No digamos en México, donde la educación de los niños y los jóvenes, es decir, el peldaño número uno para hacerle frente con éxito, ha preferido consentir a los líderes de una planta magisterial dominados por su vocación de poder y privilegios inconcebibles.

Nos espera *un largo y sinuoso camino* —adelanta el economista Enrique Quintana, aprovechando el título de una canción de Paul McCartney y John Lennon en 1970—. Lo cito extensamente:

> Hasta septiembre, el PIB cayó en 9,8%. Si en el último trimestre el retroceso fuera de «solo» 6%, la caída anual sería de 8,9%. Con esa estimación también podemos calcular que el PIB per cápita habrá caído 9,9% este año. *Nos preguntamos, ¿cuánto tiempo tardaremos para que este indicador regrese al nivel que tenía en el 2018?*
>
> Permítanme hacer un poco de historia.
>
> La crisis de 1932 trajo consigo un desplome del PIB per cápita de 16,3%. Sin embargo, hubo un rebote de la economía y en 1935 regresamos al nivel previo a la crisis. El proceso tardó solo tres años.
>
> En 1995, tras el fatídico «error de diciembre», el PIB per cápita descendió en 7,8%. Con la puesta en marcha del TLCAN del gobierno de Salinas la recuperación fue rápida, en dos años se alcanzó el nivel previo a la crisis.
>
> En el desplome por la llamada «crisis *subprime*» [2008-2009], la caída acumulada del PIB per cápita fue de 7% [...] y hubo que esperar tres años para regresar al nivel previo a la crisis.

En el momento actual (2020), si el ritmo de crecimiento de la economía se mantuviera en 2% en los siguientes [cuatro] años, sería hasta 2030 cuando podríamos regresar al nivel del 2018.

Hay otro camino, uno que permitiera que la inversión privada creciera fuertemente. Pero no se ve esa posibilidad.

¿Ha corrido usted un maratón? Yo sí. Hay que prepararse para sufrir y seguir adelante.

Así las cosas, será entonces para el 2030 —si bien nos va— cuando México logre quizá recuperar lo que tenía una década atrás. A los jóvenes que ahora cuentan 15 años les alumbrará el sol cuando cumplan 25. ¿Y entre tanto qué? A la fría cifra de fallecidos por la pandemia habremos de sumar las generaciones que habrán *perdido* también la vida. ¿Por qué? Ya lo sabemos. Porque el Gobierno decidió no activar un programa de contención y luego otro de reactivación. Vea usted las consecuencias. Décadas, si bien nos va. Sucede que sectores que podrían acelerar la recuperación —la construcción (hundida a partir de la cancelación del NAIM); comercio (que no mejora); transporte, turismo y entretenimiento (hasta abajo, en el sótano)—, que juntos representan el 40% de la economía, están en la lona.

A lo largo de esta reflexión he puesto el acento en la historia interminable. Me parece el momento de retomar la pregunta que dice: ¿Terminará un día? Sería lo más conveniente para México y millones de familias mexicanas poner punto final a las culpas, a la mera contemplación y justificación de los desastres, a los desencuentros, a la polarización estéril, al resentimiento y las venganzas. Todo lo que en verdad es pequeño ante la magnitud del desastre de hoy, y de lo que viene. En esta perspectiva vale la pena recordar las palabras del presidente Barack Obama cuando en el 2016, en su discurso de despedida ante las Naciones Unidas, se pronunció en contra de que los países regresaran a las condiciones de un mundo dividido y en conflicto permanente por razones ideológicas. Más bien convocó a valorar el binomio que reúne mercados abiertos y gobiernos responsables, los principios de la democracia, los derechos humanos y la ley internacional. A decir verdad, los cimientos más firmes —dijo el presidente Obama— para retomar el progreso humano en este siglo XXI.

Para afrontar tamaños desafíos, desde luego no podemos cerrar los ojos ante las insuficiencias en materia de democracia, derechos humanos y legalidad. A nadie debe pasarle inadvertido que hacia el final del siglo XX el modelo liberal encontró dificultades para responder a los problemas derivados del impulso globalizador de los años ochenta y noventa. Fue tan cierto que generó tal descontento y desencanto, que el vacío pronto comenzó a ser llenado por las propuestas que llamaron a ponerle fin a la apertura y la globalización, a cerrar fronteras y a refugiarse en la fantasía de volver a un supuesto pasado glorioso.

Recordemos que esa fue precisamente la bandera que a Donald Trump lo llevó a la Casa Blanca en el 2016: «Hacer que América sea grande otra vez». En México no fueron muy diferentes los efectos del desencanto y se reflejaron en la elección que llevó al poder al candidato Andrés Manuel López Obrador. Tampoco han sido diferentes los afanes de regreso a las glorias de un pasado que no caza con los retos del futuro, y sin embargo cautivó a millones. Una bandera que no cazaba ni con el presente ni con el futuro en cuanto a hechos (como la Revolución mexicana); tampoco en términos de personas (por grandes que hayan sido Juárez, Madero y Cárdenas), y menos en términos de proyectos —como rescatar a Pemex o construir la refinería de Dos Bocas—, desfasados por completo de la agenda de nuestro tiempo, que se define con exigencias cruciales en materia de protección ambiental y energías limpias.

Así las cosas, ante la destrucción institucional que llevan a cabo los gobiernos de corte populista, como ante la falta de regulación de los mercados abiertos y las insuficiencias en materia de gobernanza —hechos que ponen énfasis en una democracia a la altura de los reclamos en términos de derechos humanos y legalidad internacional—, lo que procede es dar un paso crítico y sobre todo autocrítico para crear un nuevo relato político, social y económico desde la experiencia y las insuficiencias de los últimos años, acorde con los nuevos desafíos de la era digital y de lo que mostrará el mundo pospandemia.

En este sentido, ni vuelta al pasado ni persistencia de lo que no ha funcionado en las últimas décadas. En México, por ejemplo, debemos trabajar para salirle al paso a la idea de que ante las insuficiencias de la democracia hay que abolir la democracia, los derechos y el sentido de la República.

Es evidente que la solución no pasa por volver al país de un solo hombre. Por el contrario, México requiere más y mejor democracia, más y mejores derechos, más y mejor Estado, una República más incluyente, para que cumpla con el objetivo de ser la casa de todos.

La historia muestra que muchas veces la democracia, el Estado de derecho y la República han fallado, y lo más grave: han decepcionado a las mayorías. Sin embargo, la historia también enseña que se puede aprender de los errores, ya que cada vez que han fallado esos principios se han hallado formas para salir adelante, aun en las peores circunstancias, como ante las dos guerras del siglo pasado, que pusieron en jaque el porvenir de toda Europa. Falló la democracia ante Adolf Hitler, y lo triste vino cuando fueron millones de alemanes los que lo llevaron al poder. La democracia se dejó vencer y atrapar. Lo mismo ante el comunismo. En América Latina, millones de venezolanos votaron 14 veces por Hugo Chávez, y su mandato se extendió por 20 años.

En esta historia también importa reconocer —y no dejar pasar— que el propio Estado se dejó vencer y atrapar por la ideología del libre mercado, que generó, sin duda, mayores desigualdades. Lo interesante es que, a pesar de este yerro del Estado, hacia fines del siglo pasado —sobre todo a raíz de la crisis global de 1997-1998— comenzaba a caer el credo fundamentalista del libre mercado. Hoy por hoy, esa ideología extrema ha perdido consenso y poder, al grado que hoy parece superada. Superada debido a la gravedad del colapso de aquellos años, a raíz del escaso control sobre los procedimientos para las inversiones y el flujo financiero internacional. Un colapso tan serio que puso a la economía de los Estados Unidos al borde del abismo. Cabe comentar que fue quizás esta amenaza (más que la expansión de la desigualdad social) lo que condenó a la ideología del libre mercado ante los ojos de millones. Una condena que en los últimos años le ha abierto paso al proteccionismo, unido a posturas populistas, desde luego en los Estados Unidos, abanderadas a la postre por Donald Trump contra la Unión Europea y China. El Brexit tiene de hecho el mismo origen en el Reino Unido.

Sin embargo, nadie puede negar tampoco el papel que desempeñaron las sociedades y sus organizaciones para doblar el credo fundamentalista del libre mercado, por medio de una batalla por una mejor distribución del pastel que producía el crecimiento, apelando igualmente a un mayor control y a una más adecuada regulación. En este sentido, y dado que la desigualdad es todavía un problema en expansión, incluso más complejo que la pobreza, la urgencia de un Estado fuerte, junto a una poderosa legalidad internacional para el fortalecimiento de la democracia y los derechos humanos, son ahora, más que nunca, los temas cruciales de la agenda del porvenir pospandemia.

La historia del paquete que incluye democracia, derechos humanos, mercados libres regulados y prestaciones de bienestar gubernamentales ha conocido un sinfín de ajustes en su larga historia. Hoy requiere uno más, sobre todo tras el momento de ruptura de la estabilidad global que representó Donald Trump y sus desafíos contra las instituciones democráticas en los Estados Unidos. Vista así, la historia de la democracia, del Estado de derecho y de la República no ha concluido. Y mal haremos en México si lo perdemos de vista.

Lo que sí parece haberse acabado (aunque nunca se sabe) ha sido la breve y devastadora historia de Donald Trump, doblada a tiempo por la fuerza de las instituciones democráticas de la Unión Americana que resistieron el embate. Una lección que me lleva a pensar que, ante los efectos que, por un lado, está dejando ver la pandemia y, por otro, el impacto de la revolución tecnológica digital, en México tampoco debemos despreciar el poder y el valor de las instituciones democráticas y la legalidad. Pienso, por ejemplo, lo que podría desatar una aceleración de la transición de la industria manufacturera a una economía basada en servicios. Para México sería un desafío que acrecentaría el desempleo, ya que, como se sabe, la economía posindustrial parece una respuesta a un mundo en el que las ideas se venden mejor que las cosas. El punto radica en que, entre los factores de la producción, los seres humanos somos cada vez menos necesarios. Por eso me pregunto qué haríamos en dado caso para que nuestros trabajadores puedan tener su parte del pastel si los puestos de trabajo manufacturero decrecen y con ello la garantía de un salario.

Temo que, al cruzar la puerta de salida de la pandemia, de frente a un mundo devastado al 60 o más por ciento de lo que tenía, el número de los que carezcan de un puesto de trabajo y un salario haya crecido exponencialmente. Supongo que deberemos tener capacidad para encontrar nuevas formas de distribución de la riqueza nacional, incluso la internacional. Me parece que por aquí cruza uno de los mayores problemas que debemos afrontar, pues no se tratará de incrementar la producción, dado que el verdadero problema será el modo de repartir el pastel. De acuerdo con los expertos, no habría otro modo de hacerlo que no sea con base en el Estado, lo cual me persuade aún más de la pertinencia de la recuperación de las instituciones de la República, un Estado fuerte, una democracia renovada y desde luego legalidad por encima de todo. Por el lado contrario, si no advertimos la gravedad del punto donde estamos, a corto plazo la respuesta será el caos y la desestabilización. No es poco lo que está en juego entonces. Ante eso bien vale la pena la unidad de la mayoría de los mexicanos.

Lo demás —desde el Gobierno del presidente López Obrador— es una suerte de locura efímera, electorera, frivolidad en aras de una revolución que conjuga con destrucción y mentiras. Lección que por ahora nos deja la sociedad que en los Estados Unidos supo reaccionar a tiempo con base en sus instituciones. Esto sí revive las esperanzas. Porque, en el fondo, lo mejor de la lección radica en corregir antes de que la mentira y la manipulación, como estrategia contra las instituciones, acaben por destruir el país; y antes de que en ausencia de ellas la crisis de la República nos lleve a un populismo abiertamente totalitario. Con toda razón sostenía el experimentado Winston Churchill, a quien ya he citado aquí, que «una mentira viaja alrededor del mundo antes de que la verdad se alcance a poner los pantalones». Notable la figura de los pantalones, porque enaltece el valor moral que representa afrontar la verdad cuando la lealtad política, la lealtad ciega, topa con la destrucción de la vida institucional y social.

Al respecto resulta también significativa la lección de la sociedad y los medios en los Estados Unidos, en un momento en que la verdad parecía pudrirse ante las mentiras de Donald Trump. Veamos lo que reportó en ese momento Pablo Hiriart en *El Financiero*:

> El presidente Trump había presionado a los republicanos para que frenaran la certificación en distintos estados clave, y lo hizo directamente en Michigan. No pudo doblegar a las instituciones ni a las personas que las integran [...] Ninguna se dobló ante el empuje del presidente de los Estados Unidos. Una lección de honestidad política de los perdedores en esos estados. No siguieron las órdenes de Trump, sino el designio histórico de una nación que hace más de dos siglos abrazó la democracia [...] Una lección también para el mundo [...] [en tanto] los medios de comunicación no se dejaron intimidar por el presidente, y *le cerraron los micrófonos a la difusión de falsedades {porque} atentaban contra la democracia.*

Rápido se movió la verdad y se puso los pantalones, encarnando una enorme lección de honestidad política, de responsabilidad, como testimonio vivo de la fuerza poderosa de la democracia en defensa de las instituciones; es decir, en defensa de la convivencia pacífica de hombres y mujeres de todos los credos y condición social, ideológica y racial. En defensa de la

República, el territorio de todos sin excepción. Una victoria de lo mejor del liberalismo, celebrada en el mundo entero, a excepción de los autócratas del planeta, que por fortuna no pasaron de cuatro.

Altos funcionarios leales al presidente Donald Trump, como Chris Krebs, ex director de Seguridad Cibernética del Departamento de Seguridad Nacional, nombrado por el Presidente y republicano de toda la vida, o como el procurador William Barr, también aliado de Trump, rechazaron las acusaciones de fraude. Krebs declaró que la elección había sido la más segura de la historia. Le costó el puesto. Y Barr, junto con los jueces de los estados clave donde el presidente Trump fincaba el supuesto fraude, también desechó las demandas por falta de evidencias, a pesar de que al principio había apoyado las declaraciones del Presidente. «¿Y en México? —pregunta Jorge Suárez Vélez en el diario *Reforma*—. ¿Qué aliado le dirá a AMLO que miente? ¿Quién se opondrá a que dinamite nuestra democracia? ¿Quién la pondrá por encima de su carrera política?».

¿Quién le pondrá pantalones a la verdad? Millones estamos a la espera porque ya estamos al límite, como dice Rolando Cordera. En el límite de

> una estrategia maniquea de perversos contra querubines.
> [...] porque puede resultar, muchos lo sabemos, lo intuimos, que acabemos todos inermes y desprovistos de la energía mínima para izar las velas y corregir el rumbo y reiniciar el recorrido.

Podemos quedar arrumbados en un muelle, sin vientos que nos ofrezcan navegar a toda vela. Y, al cabo de un tiempo, descubrir que ese y otros atracaderos son tristes homenajes a las grandes historias de Onetti y sus astilleros. Pura calma chicha, soledad e infortunio, y la ambición exhausta.

No habrá poesía y canto para celebrar; la pandemia no lo permite, y la mínima conciencia de la realidad lo desaconseja. Festejar podría ser una provocación pueril y llevarnos a nuevas contiendas sin sentido y sin salida.

Hablábamos del micrófono en lugar del timón. Pues bien, el maestro Rolando Cordera lo expresa con una sensibilidad impresionante. *Arrumbados en un muelle y sin vientos que ofrezcan navegar a toda vela,* como se requiere. *Y al cabo del tiempo descubrir que no habrá poesía ni canto para celebrar...* porque no hay logros aceptables... El reto está en *reconocernos como tripulantes de una nave común.* Que *para eso debe servir nuestra forma democrática de vivir como sociedad de iguales y diferentes. ¡Y no como nómadas sin destino!* He aquí la verdad con los pantalones puestos, como pedía el viejo Churchill, que algo sabía de cómo levantar a una ciudad de los escombros por los bombazos de una destrucción infame.

Inventar —con la mano puesta en el micrófono antes que en el timón—, «élites enemigas o intelectuales orgánicos» solo sirve, en efecto, para envenenar el ambiente. Y con ello «la nave no va», como en la película de Federico Fellini, que culmina con el hundimiento de la nave en medio de las rivalidades, las envidias y pequeñas luchas de poder entre sus pasajeros, pues cual más cual menos busca ser la *prima donna* que lleve la voz cantante. O el *primo uomo*. Al fin que de eso trata la película, pues todos son cantantes de ópera.

Reflexiones finales

E<small>N ESTA</small> parte final no puedo pasar por alto que la lectura de al menos dos libros del historiador Yuval Noah Harari (*Homo Deus* y *21 lecciones para el siglo XXI*) me impactaron de tal manera que me atreví a leerlos pensando todo el tiempo en México, en su presente y su futuro. Un presente y un futuro que no es otro que el de millones de mexicanas y mexicanos. Entre muchas preguntas, me llamó la atención una afirmación: «*Homo sapiens* pierde el control». ¿Cómo no cerrar por un momento el libro y detener la mente en lo que hemos vivido y estamos viviendo en nuestro país? Tenía apuntado que el Presidente había dejado el timón para hacerse con el micrófono. Resultado: en pocos meses, menos de dos años, había perdido el control del país en materia sanitaria, económica e institucional. No digamos en términos de seguridad pública.

Vuelvo al tema porque es recurrente la idea del «timón». Si mal no recuerdo, en el Gobierno del presidente López Portillo él mismo planteó la cuestión del «timón». Algo así como «dar un golpe de timón en medio de la tormenta». Es la historia de siempre, interminable por donde se la vea. En fin, en estos días reaparece el tema entre algunos articulistas bien intencionados, que sugieren que el presidente López Obrador podría salir de la tormenta a la que ha llevado al país por medio de «un golpe de timón». Es en serio, aunque parece broma, dado que, como decíamos, hace mucho que el presidente López Obrador se apartó del timón y cogió el micrófono. Así las cosas, la sugerencia sería quizá que diera un «golpe de micrófono». ¿No es curioso? Creo que fue también Winston Churchill quien aseveró un buen día que hay ciertas circunstancias en política donde nada hay más serio que una broma.

De aquí, es decir, de observar a México como un país a la deriva, nació primero la idea de desarrollar estas reflexiones y enseguida la motivación para darles un sentido que aportara al debate y a la generación de acuerdos para la toma de decisiones, en sintonía con lo que enseña nuestra historia política, cuando menos a lo largo del siglo XX y lo que llevamos del XXI. «*Homo sapiens* pierde el control». De pronto esa breve afirmación me dijo más de lo que pude haber imaginado. Recuperarlo es ahora tarea de todos.

Urge que la mayoría de las mexicanas y mexicanos retomemos el control, y pongamos a funcionar a México, dándole un sentido para bien de millones de jóvenes que ahora son las víctimas sobre cuyos hombros y talentos recaerá la tarea de reconstruirlo. Inquietantes son las preguntas —los problemas— que tenemos sobre la mesa o en la pantalla de las computadoras tras la inesperada afirmación de Harari que nos alerta: «*Homo sapiens* pierde el control». Y esto sí no es broma. Cuando tu *smartphone* puede manejar tu mente, anulando por completo tu libertad, ¿crees que seguirás escogiendo tu trabajo, tu pareja, tu presidente? Cuando la inteligencia artificial ataque el mercado laboral, ¿dónde encontrarán millones de jóvenes desempleados algo que les devuelva el sentido de su vida? ¿En las drogas, en los juegos virtuales? ¿En un sueño o en una pesadilla?

Hoy mismo tenemos un problema en México (uno más), en tanto son millones también los que creyeron y siguen creyendo las fantasías del presidente López Obrador, y que sus proyectos «harán grande a México otra vez». Entre tanto, mientras eso sucede, el país está siendo destruido en sus bases institucionales. Mientras, en paralelo, la convivencia misma en todos los rincones del planeta se encuentra amenazada por tecnologías concretas. Desde luego también en nuestro país, lo cual significa que en el escenario de la destrucción nacional estamos, al mismo tiempo, ante un aluvión de dispositivos, herramientas y plataformas que llevarán a millones de personas a perder su utilidad y su valor como «trabajadores». ¿En qué manos quedaremos entonces? Por lo pronto, no contamos con otras manos que no sean las «manos» de la democracia, el Estado de derecho, las instituciones de la República, la casa de todos. Refugios que están siendo socavados. Pero las necesitamos ya y las necesitaremos mañana. Por eso es un imperativo sostenerlas vivas, en defensa propia. ¿Tiene alguna posibilidad la democracia de salir viva de la destrucción en marcha con la 4T? Es el desafío de hoy. ¿Podrán la democracia y los derechos humanos sobrevivir al golpe que las tecnologías les darán a las personas con la merma de su valor como trabajadores? Sin duda les espera a nuestras instituciones una cerrada defensa, junto a una renovación de fondo, sin perder la pluralidad que las integra.

Si no logramos detener la destrucción en marcha y, por otra parte, no logramos que nuestras instituciones republicanas sobrevivan, obviamente de la mano de una actualización seria, la pregunta será: ¿Qué haremos con los millones de jóvenes mexicanas y mexicanos que andarán por la vida sintiendo que su vida es cada vez más irrelevante? En este sentido no tenemos alternativa. Ni el Estado tampoco. Pues, como ha quedado demostrado, el populismo crece y gana cuando la democracia y las instituciones de la República no son capaces de cerrarle el paso a la pérdida de valor de las personas como trabajadores, pues la irrelevancia suele ser un mal peor que la explotación. Es entonces cuando emerge el populismo para reforzar, sobre la base del desencanto, una mentalidad «asistida». Una mentalidad con la mano estirada.

Es crucial para el futuro de México advertir que no tenemos mucho tiempo por delante. El tiempo es infinito, es cierto, pero nuestro atraso histórico, sumado a la destrucción populista y al impacto de la pandemia, lo han acortado. Esto quiere decir tres cosas. Hay que actuar ahora. La destrucción debe parar. Y la reconstrucción no tiene tiempo que perder.

Desde luego sigo pensando en la pérdida de valor de las personas y su impacto en los mercados laborales, donde el golpe será quizás el más devastador, dado que a todo lo anterior se agregará lo que expertos como Harari llaman «la gran desconexión». Harari lo explica así: hasta ahora una de las ventajas de las personas sobre los ordenadores y robots ha radicado en el hecho de que las nuevas herramientas carecen de conciencia, de capacidad para experimentar emociones. La pérdida de valor de los humanos no llega a ese punto todavía, lo cual no significa que no llegue, ya que al parecer bien podríamos estar a las puertas de un paso más en la revolución tecnológica digital; a un paso de que esa ventaja corra el riesgo de perder también su valor, si es que en los nuevos mercados laborales la inteligencia logra desconectarse de la conciencia.

Hasta ahora, según Yuval Noah Harari, la elevada inteligencia ha ido de la mano con una conciencia por demás desarrollada.

> Hasta hoy [...] solo los seres conscientes podían efectuar tareas que requerían mucha inteligencia, sea para jugar al ajedrez, conducir automóviles, diagnosticar enfermedades. Sin embargo, ahora estamos desarrollando nuevos tipos de inteligencia no consciente, que pueden realizar tales tareas mucho mejor que los humanos, porque los algoritmos no conscientes podrían pronto superar la conciencia humana en el reconocimiento de pautas o patrones. Esto plantea una nueva pregunta: ¿Qué es lo realmente importante, la inteligencia o la conciencia? En el siglo XXI esto se está convirtiendo en una cuestión política y económica urgente. La respuesta es clara: la inteligencia es obligatoria, la conciencia es opcional.

Dada la gravedad del problema, Harari plantea lo que llama «el dilema más importante en la economía del siglo XXI»: ¿Qué harán los humanos conscientes cuando tengamos algoritmos no conscientes y sí muy inteligentes capaces de hacer casi todo mejor? ¿Qué haremos cuando los algoritmos sin mente sean capaces de enseñar, diagnosticar y diseñar mejor que los humanos?

Alguien objetará diciendo que esto ya sucedió durante la Revolución Industrial, y siempre se encontraron opciones para los desocupados por las máquinas. Cierto. Solo que entonces compitieron con las personas en capacidades físicas, mientras los humanos tenían opciones en las tareas que requerían habilidades cognitivas. Sin embargo, ¿qué ocurrirá cuando los algoritmos resulten mejores que nosotros recordando, analizando, reconociendo pautas?

Tal vez no haya razón de preocuparnos, pues algunas personas seguirán siendo indispensables y hasta indescifrables por los algoritmos. En tal caso, será una élite reducida y privilegiada de «humanos mejorados». Así les llaman Harari y otros especialistas y filósofos. Parece ciencia ficción. El problema es que no lo es. Es tan real que la brecha de la desigualdad conocerá así otros abismos, y no solo en términos cuantitativos, sino también cualitativos. Una desigualdad con otras características y otro origen, que requerirá otras vías de solución.

En fin... Todo lo anterior viene al caso para dimensionar el tamaño del crimen que representa un grupo sin preparación, sin visión de futuro, sin aptitudes ni formación en los puestos clave del poder, tomando decisiones que, desde ya, comprometen el futuro de México para el inmediato porvenir. Inmediato, porque la velocidad con que corre el tren bala del cambio de civilización no admite la rémora que significa la 4T. Tomará una década recuperar, si bien nos va, los niveles alcanzados por el país en el 2018. O quizá tres. ¿Cuántas nos tomará alcanzar al tren bala que entró en su velocidad de crucero en el espacio global?

Lo que hemos descrito ilustra de forma inquietante la magnitud del crimen perpetrado por el Gobierno del presidente López Obrador. Y la importancia de las tareas que tenemos por delante.

*

Mientras desarrollaba estas reflexiones, pronto me di cuenta de que la mayor parte de cuanto escribía se parecía mucho a una narrativa histórica. Y me preguntaba qué sentido podía tener si en México contamos con tantas obras históricas y tantos autores. No me costó trabajo convencerme de que, como actor político, al cabo de tantos años en esa arena, podía sacar tal vez algunas lecciones, *aprender* sería la palabra correcta, y más allá *recordar* lo que hemos hecho, y con ese material aportar a la discusión con ánimo de *corregir*. Sin duda nos hemos equivocado muchas veces, hemos tomado decisiones que le han costado sufrimiento a millones de mexicanos. Una de ellas, cerrarnos en lugar de abrirnos. Ignorar la democracia, otra. Legislar sin tener a la mano el rostro afligido de la gente.

Nuestra democracia es representativa, pero como diputados o senadores no fuimos representantes. Una vez en el Congreso nos convertimos en soldados del poder dominante. En fin...

Hoy estamos ante un parteaguas en términos de civilización. Para México el reto no es menor. Nos pegarán con más fuerza los errores y sus consecuencias: el atraso... lo que dejamos pasar... las oportunidades perdidas... la patología presidencial... lo que pudimos haber hecho y no hicimos... Haber jugado a ser dioses, particularmente desde la Presidencia de la República. Y por supuesto hemos fallado. Obviamente. Ha sido una falla moral, cuyas consecuencias las han pagado los más pobres. A pesar de la prédica, esa historia se nos vendrá encima. Y no habrá guía moral que nos ampare.

Ante esto —retomo la idea— no tenemos más que asumir la única tarea que nos debe abrir las puertas para salir a flote: crear una narrativa nueva. Dicho con otras palabras: crear un relato político actualizado para volver al mundo que, por ignorancia y tozudez, estamos dejando o nos está dejando en la orilla. No atrás, sino afuera. Se trata de una tarea contra nosotros mismos, contra nuestro hábito de repetir la misma historia. Una tarea contra la forma actual de la vieja costumbre que nos ha estancado: el invento demagógico y hueco de una Cuarta Transformación, que no pasa de unas cuantas frases hechas y otras tantas fotografías para justificar la huida hacia el pasado, sin visión de futuro, sin ideas nuevas; al contrario, con un viejo y raído paquete ideológico bajo el brazo. Un capítulo más de la historia interminable cuando lo que está en juego es ponerle fin, y comenzar por ser radicalmente actuales frente a los desafíos que trae consigo el mundo actual, más el panorama pospandemia.

Sin duda, estamos lejos aún de alcanzar consenso sobre este y otros puntos, pues nos encontramos polarizados, divididos, indignados y con ánimo de ir cada uno por su lado, cuando la tarea exige más bien pensar antes que denigrar, comprender antes que juzgar, aunar voluntades por México. En nuestro caso, resulta indispensable comprender la naturaleza del desafío que plantea la actual revolución tecnológica, y más en el contexto de aquellos que se plantean desde ya tras la parálisis del planeta por el covid-19. Comprender que el impacto más duro será en la línea de flotación de todos los países, en lo más sensible de las sociedades: el mercado laboral en los países desarrollados, si bien contarán con formas, recursos y herramientas para hacerle frente. En los de América Latina —en México— tendrá efectos devastadores, porque no estamos preparados, hemos perdido tiempo, no hemos querido oír ni hablar del tema, salvo cuando se nos deja saber que la revolución que comentamos, a base de inteligencia artificial, algoritmos de macrodatos y bioingeniería sacará del mercado de trabajo a miles de millones, para generar una enorme *clase inútil* que, esta vez, ninguna ideología ni liderazgo demagógico sabrá o podrá manejar.

Necesitamos, ahora más que nunca, los instrumentos de la democracia, el Estado de derecho y las instituciones de la República para poner en marcha los acuerdos que sean necesarios. Es cuestión de ver cómo el nuevo Gobierno de la 4T se ha terminado en cosa de meses, mientras las expectativas de futuro de millones de familias se encuentran literalmente sepultadas, y otras no alcanzaron siquiera a germinar. Todo lo cual queda condensado en una breve historia, de no más de diez palabras: «Cuando te hagas mayor, puede que no tengas un empleo». Así, cuanto antes comprendamos lo que está sucediendo, mayores serán las posibilidades de una respuesta alternativa para el joven de este relato conmovedor.

En esto me atengo al imperativo de resolver qué haremos con la democracia para que sea, en efecto, más participativa, para que fortalezca a la sociedad y no la ignore ni debilite como ahora. Qué haremos para ir más allá del engaño que significa confundir sondeos o consultas populares con participación. La experiencia dice que cuando se apela sin más a este recurso por lo general no se advierte que, más temprano que tarde, la nación comienza a quedarse sin protección. Es el resultado de actuar por encima o por debajo del Congreso.

La cuestión apunta a que estamos cerca de enfrentar un aluvión de dispositivos y herramientas, problemas, conflictos y dilemas nuevos que estrecharán cada día más nuestros márgenes de maniobra; y ante eso no podremos darnos el lujo de pretender afrontarlos desde cero o bajo cero... desde los escombros de un rico y bello país que, por ahora, cada mañana tiende a parecerse más al «país de las últimas cosas».

ANEXOS

ANEXO 1

Cartera de Economía 2020

EL PRESIDENTE Andrés Manuel López Obrador destacó en su Segundo Informe de Gobierno 2019-2020 los principales retos de su Propuesta de Nueva Política Económica para el país, sustentada «en la moralidad, la austeridad y el desarrollo con justicia»;[1] al mismo tiempo, reconoció la presencia de grupos críticos que le han solicitado «un rescate económico elitista» así como gobernar en «sentido distinto» con recetas económicas «tolerantes con la corrupción». Para lo cual enfatizó que uno de los principales retos del 2020 fue enfrentar la crisis económica provocada por la pandemia mediante las siguientes acciones primarias:

1) El «rescate del pueblo» mediante la entrega directa de todo tipo de apoyos y créditos para siete de cada diez

---

[1] Discurso del presidente Andrés Manuel López Obrador en su Segundo Informe de Gobierno 2019-2020 (1.° de septiembre del 2020) en: https://presidente.gob.mx/discurso-del-presidente-andres-manuel-lopez-obrador-en-su-segundo-informe-de-gobierno-2019-2020/

familias mexicanas a fin de «reactivar la economía de abajo hacia arriba» sin priorizar a las grandes empresas y bancos con el presupuesto público;

2) La presunta inclusión del «100 por ciento» de las comunidades indígenas y de los más pobres del campo y de la ciudad en los Programas Sociales Federales basados en la Economía Moral que cobija a un estimado de 23 millones de familias;

3) La vigencia del Programa de Pensiones para adultos mayores y niños con discapacidad para que permanezcan en «reclusión sanitaria» durante la pandemia de covid-19;

4) La Reforma al Artículo 4º Constitucional para convertir en derecho social prioritario y obligatorio los apoyos destinados a los adultos mayores y niños con discapacidad, las becas para los estudiantes de familias pobres, así como la atención médica y los medicamentos gratuitos;

5) Los Programas de Apoyos Directos de jornales de cultivo, fertilizantes gratuitos y precios de garantía para maíz, frijol, arroz, trigo y leche en beneficio de tres millones de agricultores y pescadores;

6) El fortalecimiento del Banco del Bienestar para apoyar a las comunidades más apartadas mediante 2700 sucursales en todo el país que estarán disponibles para el año 2021.[2]

Adicionalmente, el primer mandatario reafirmó haber cumplido su pronóstico de recuperación en forma de «V»

---

[2] *Op. cit.*

ante la crisis económica derivada de la pandemia, mediante el rescate de los empleos perdidos, la normalidad productiva y el crecimiento. Según el presidente López Obrador estos serían los logros alcanzado durante el 2020:

1) Se crearon 93 % de nuevos empleos;
2) El peso se apreció al cotizarse de 25 hasta menos de 22 pesos por dólar;
3) La mezcla mexicana del petróleo pasó de «cero» a 40 dólares por barril;
4) El consumo de productos básicos aumentó en 9,5 % respecto al 2019;
5) La recaudación de impuestos se mantuvo prácticamente igual respecto al 2019;
6) En la Inversión Extranjera Directa durante el primer semestre del 2020 se captaron 17 969 millones de dólares, igual que ocurrió en el 2019;
7) A pesar de la caída de 10,4 % en la economía mundial en un período de un solo semestre, no se contrataron créditos ni deudas con «porcentajes elevadísimos» por considerar que es «inmoral» destinar dinero público para dar «rescates» a «quienes no necesitan ser rescatados»; y
8) Se mantuvo el índice de consumo para evitar el cierre del mercado del que subsisten miles de empresas y de comercios mexicanos.[3]

El presidente López Obrador también aseguró que durante el 2020 se mantuvo una relación «buena y respetuosa» con

---

[3] *Op. cit.*

los empresarios al lograr que durante la crisis económica no se perdieran 19,5 millones de empleos inscritos en el Seguro Social, además de lograr que el empresariado cumpliera sus contribuciones, pensionara mejor a los trabajadores, así como aumentara 16 % al salario mínimo en el 2019 y otro 20 % en el 2020.

En otro orden de cosas el presidente López Obrador resaltó el avance de las siguientes obras:

1) El Aeropuerto Felipe Ángeles en el estado de México;
2) La nueva Refinería de Dos Bocas, Paraíso, Tabasco;
3) El Tren Maya; y
4) El Proyecto de Desarrollo del Istmo de Tehuantepec para comunicar a los países de Asia con la costa este de los Estados Unidos, con lo cual se buscaría en su conjunto generar hasta 150 000 empleos tan solo en el 2020.[4]

Visión de los especialistas

En contraste con lo anterior, diversos analistas y especialistas han observado que la cascada de datos aportada por la Presidencia de la República difiere mucho de la realidad, ya que la Administración del presidente López Obrador habría «cerrado su segundo año» con desafíos no resueltos para lograr reactivar a la economía mexicana en medio de la crisis del covid-19. De acuerdo con la visión de los expertos, la realidad

---

[4] *Op. cit.*

muestra cada vez más remota la posibilidad de que el Gobierno actual cumpla su promesa inicial de que el Producto Interno Bruto (PIB) alcance una expansión de 4% al cierre del sexenio en el 2024. Un pronóstico que el Fondo Monetario Internacional (FMI) ha advertido en los términos de que México será «una de las economías más dañadas del planeta», con una contracción del PIB cercana al 9% tan solo en el 2020.[5]

Problemas pendientes de superar

En esta perspectiva, los principales problemas por superar para reactivar la macroeconomía nacional serían los siguientes:[6]

1) Un *saldo de fuerte desaceleración del PIB* desde el 2019, y durante varios trimestres posteriores a la llegada de la nueva Administración. Una caída que sumada al golpe económico derivado de la pandemia del covid-19 causó un «desplome histórico» entre abril y junio del 2020, tal como lo confirman los datos del Inegi, con registros de -1,2 pp (puntos porcentuales) del PIB en el primer trimestre, -17,1 en el segundo trimestre y la recuperación de 12,1 puntos para el tercer trimestre.

---

[5] Bazán, Alejandro (1.° de diciembre del 2020). «9 gráficas de la economía mexicana a 2 años del gobierno de AMLO» en *Expansión*: https://expansion.mx/economia/2020/12/01/graficas-economia-mexicana-2-anos-gobierno-amlo-covid.

[6] *Ibíd*. Todos los gráficos fueron elaborados por Bazán y por el portal informativo de *Expansión*.

PIB (variación porcentual respecto
al trimestre inmediato anterior)

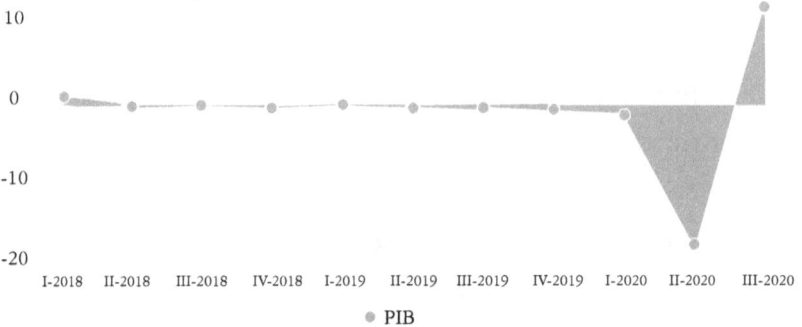

2) Un *balance presupuestal deficitario* en el área de Finanzas Públicas del Gobierno Federal confirmado con los datos de la Secretaría de Hacienda y Crédito Público (SHCP), con un referente evolutivo inverso que reporta -494 982 MDP (millones de pesos mexicanos) en el 2018 en el sexto y último año de Gobierno del presidente Enrique Peña Nieto, -393 608 MDP en el 2019, que es el primer año de gobierno del presidente Andrés Manuel López Obrador y -308 450 MDP en el 2020, que es el segundo año de gobierno del actual sexenio.

Balance presupuestario del sector público
(millones de pesos)

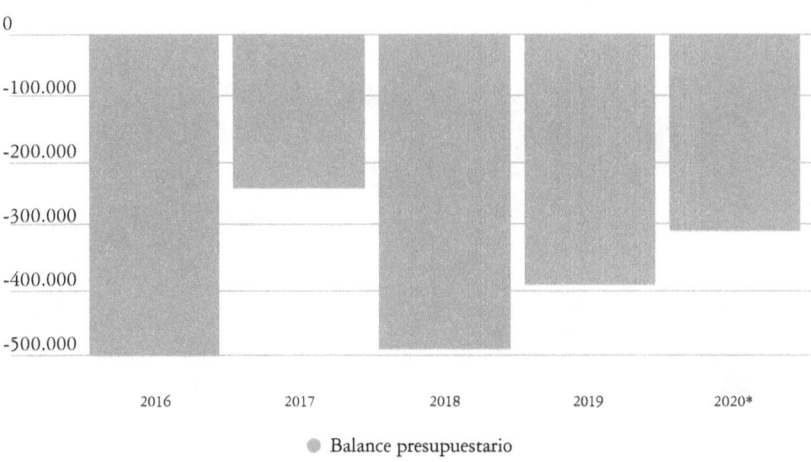

3) *Falta de ingresos tributarios* para enfrentar la crisis económica por covid-19, razón por la que la presente Administración recurrió a la profesionalización del Servicio de Administración Tributaria (SAT) para hacerse de recursos al gestar «acuerdos» con grandes empresas como Walmart, BBVA México y Fomento Económico Mexicano (Femsa) para ingresar pagos pendientes.

Ingresos tributarios por año (billones de pesos)

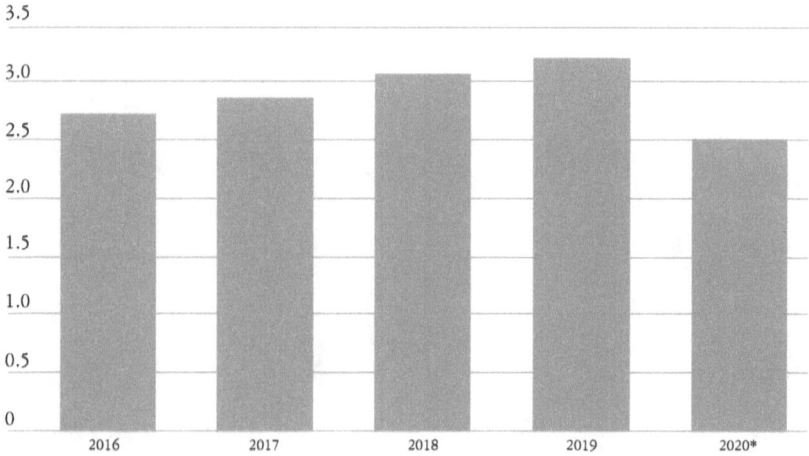

4) Una combinación de *contracción económica* con una tendencia al alza en el segmento de la *deuda pública total del sector público*, tal como lo confirman los datos de la SHCP, con 9,93 billones de pesos en el 2016, 10,28 billones de pesos en el 2017, 11,01 billones de pesos en el 2018 —estos últimos como período de referencia del sexenio anterior—, 11,42 billones de pesos en el 2019 y 12,93 billones de pesos en el 2020, ya en la presente Administración.

Este es un problema derivado del ordenamiento del presidente de México para no ampliar el segmento al tratar de mitigar el impacto de la crisis económica sin lanzar estímulos fiscales para las empresas que busquen sobrevivir a la pandemia.

Saldos de la deuda bruta del sector público
(billones de pesos)

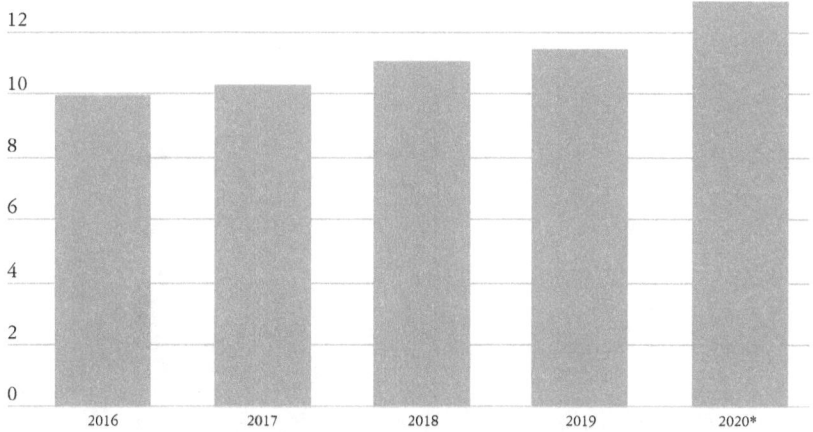

5) Crisis por *desempleo* según las cifras del Inegi, que demuestran un faltante que se completó con datos aportados por el mismo presidente López Obrador cuando reconoció que tan solo durante el segundo trimestre del 2020 se perdió un millón de puestos de trabajo en la economía formal.

6) Captación de *inversión extranjera directa* (IED) a la baja entre el 2019 y el 2020. En el primer trimestre del 2019 —cuando arranca el Gobierno del presidente López Obrador— registra 14 409 MDD (millones de dólares); cifra que se desploma a 6442 MDD en el segundo trimestre del 2019, y luego a 4911 MDD en el cuarto trimestre del 2019. Se recupera la captación de IED en el primer trimestre del 2020 con 13 953 MDD; para caer a 7092 MDD en el segundo trimestre del 2020 y a 2436 MDD en el tercer trimestre del 2020.

Inversión Extranjera Directa (millones de dólares)

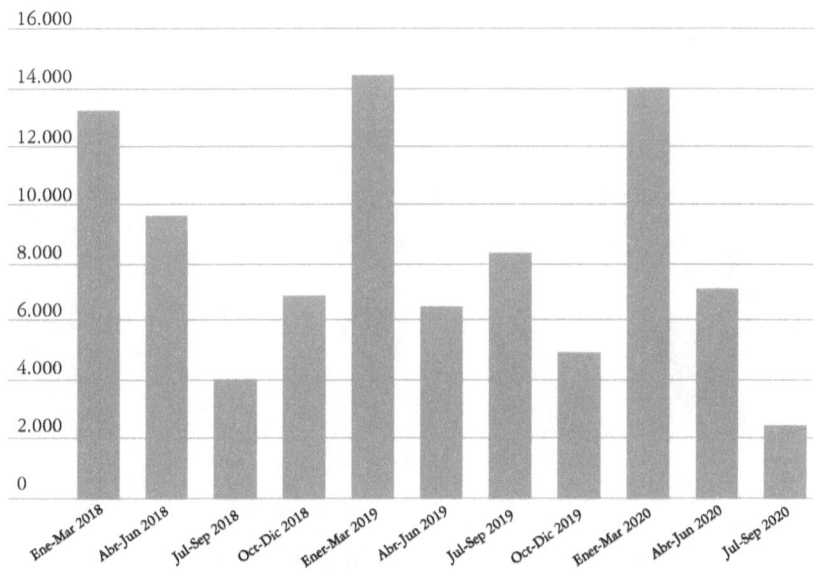

Manejo de la política económica

Desde otra perspectiva los especialistas aseguran que el manejo de la política económica durante el segundo año del sexenio se caracterizó principalmente por tres fenómenos:

1) El antecedente directo de los efectos de la victoria electoral y la posterior toma de posesión de Andrés Manuel López Obrador, lo cual ocasionó un «mayor deterioro» en el comportamiento del PIB y de la inversión, con su respectivo efecto negativo en los indicadores macroeconómicos.

2) La configuración de nuevas medidas de reactivación asociadas al manejo de la crisis económica derivada de la pandemia de coronavirus, especialmente ante el incremento de hasta el 3 % en los niveles generales de desempleo.

3) Aplicación de una consistente política del Banxico para la mejora del desempeño de la inflación en momentos en que la pandemia habría ocasionado la crisis económica «más profunda en un siglo», para lo cual el presidente de la República se comprometió a buscar una rápida recuperación sin contratar deuda para el 2021.[7]

Caídas continuas del PIB:
una recesión nunca vista en México

Los especialistas observan que para el 2021 podrían persistir las dificultades para alcanzar la meta de reactivación general de la economía mexicana, a causa del escenario alertado por el Inegi, que muestra que el PIB acumuló al segundo trimestre del 2020 hasta cinco períodos continuos de caídas trimestrales con base en cifras ajustadas por estacionalidad, de forma que desde el segundo trimestre del 2019 el PIB ha registrado «caídas continuas». Incluso, se tendría como referente histórico que el segundo trimestre del 2020 se habría convertido ya

---

[7] Rodríguez, Silvia y Ordaz, Yeshua (1.º de septiembre del 2020). «Seis gráficas para entender la economía en el segundo año de AMLO» en *Milenio*: https://www.milenio.com/negocios/economia-de-mexico-con-amlo-asi-le-ha-ido-en-su-segundo-ano.

en un nuevo «máximo histórico» de retroceso anual de hasta 18,68% o que implica «el más alto en la historia desde que se tiene registro».[8]

Como consecuencia directa de lo anterior, Banxico habría calculado un rango general de contracción del PIB de -8,8 a -12,8%, que estará seguido de una etapa de recuperación económica tras el período de confinamiento para contener la pandemia de coronavirus que está pronosticada por la misma SHCP como una afectación «gradual y prolongada» cuyo principal saldo será el ocasionar una «recesión de una magnitud no vista en 88 años», retrasando entre 2 y 6 años (que implica probablemente la totalidad del sexenio de López Obrador) el regreso del PIB a su nivel original del año 2018, cuando Enrique Peña Nieto entregó el poder.

Cabe mencionar la declaración del 28 de agosto del 2020 del secretario de Hacienda, Arturo Herrera, cuando alertó a la fracción parlamentaria de Morena que el año 2021 —y el presupuesto federal— ciertamente registraría «un repunte de la economía» pero en un escenario «peor» que en el 2018 y el 2019, por la ausencia de «guardaditos» o «ahorros» y la política de además no contratar deuda pública debido a que ese rubro se incrementaría entre 10 y 17 puntos del PIB por efecto del tipo de cambio.[9]

---

[8] *Ibídem.*
[9] *Ibídem.*

Dos indicadores graves

El Gobierno Federal ha detectado por lo menos dos indicadores graves de que la crisis económica no tendría un período de recuperación inmediata y plena. El primero, el resultado de la Encuesta Telefónica de Ocupación y Empleo (ETOE) que demostró que para junio del 2020 el *indicador general de desempleo* se había comportado «estable», al menos desde el último sexenio, para posteriormente dispararse desde una tasa del 3,2 al 3,7 % hasta el 5,5 % en el actual sexenio. Resultado: más de un millón de personas perdieron su fuente de empleo, una de «las cifras más altas de los últimos años». El segundo indicador grave: las cifras del IMSS, que demostraron que durante el primer semestre del año se perdieron exactamente 1 113 677 empleos formales, por las medidas de confinamiento adoptadas para evitar la elevada propagación del coronavirus.[10]

Otras voces críticas de la política económica del Gobierno Federal

Destaca en el ámbito del análisis y el periodismo el reconocimiento desde finales del 2019 en las respectivas mesas de redacción de *El Economista* y *El Financiero* de que «el proyecto de AMLO, sobre todo en el plano económico, ha estado marcado por sacudidas, polémica, desencuentros y negociaciones

---

[10] *Ibídem.*

con los sectores productivos, los otros poderes del Estado y las ONG», una dinámica que no solamente se sostuvo, sino que se acrecentó durante el 2020 al continuar el abordaje de los principales temas de la Agenda Económica Nacional tales como la reforma laboral y su vinculación con las condiciones de aplicación del nuevo T-MEC, la etapa posterior a la cancelación del NAIM, que costaría casi 300 000 millones de pesos si se ejecutaba solo con inversión privada, para posteriormente construir el Aeropuerto Felipe Ángeles, de Santa Lucía, en el estado de México, el antecedente inmediato de la «recesión técnica» en la economía mexicana que prolongó su proceso de desaceleración económica desde la Administración anterior y su contracción desde octubre del 2018.[11]

Las calificadoras como Fitch, Moody's y Standard & Poor's señalaron desde los primeros días de la Administración las «vulnerabilidades» de la política fiscal y de finanzas públicas, como por ejemplo los incrementos constantes en el salario mínimo. En tanto, por otra parte, se observó el saldo negativo desde el primer año de gobierno, cuando se cancelaron oficialmente las Zonas Económicas Especiales que tenían un potencial de inversión de 42 287 MDD y que proyectaban la creación de 367 909 empleos, para posteriormente redirigir el presupuesto federal a grandes obras como el Tren Maya, el Programa para el Desarrollo del Istmo de Tehuantepec y el Programa Zona Libre de la Frontera Norte.[12]

---

[11] Redacción *El Economista* (2 de diciembre del 2019). «La economía en la era de AMLO» en *El Economista*: https://www.eleconomista.com.mx/economia/La-economia-en-la-era-de-AMLO-20191202-0016.html.

[12] *Ibídem*.

Los especialistas en la materia también han destacado que, pese al efecto negativo directo de la pandemia sobre el comportamiento de la economía mexicana, el mismo presidente López Obrador ha reconocido desde finales del 2019 que todo el 2020 estaría dedicado a «consolidar» el modelo de la Cuarta Transformación, lo cual lo llevó a declarar públicamente, el 3 de diciembre, que el 2020 no fue «un buen año» porque la economía mexicana fue «tumbada» por la propagación del covid-19.

En esa ocasión, frente a los integrantes del recientemente inaugurado Centro de Distribución Metropolitano del Grupo Bimbo, Obrador reconoció que la inversión pública sin apoyo de la inversión privada y el apoyo de la clase trabajadora hubiera sido «insuficiente» para impulsar el desarrollo del país.[13]

En razón de lo anterior, el profesor-investigador de la Universidad Panamericana, Gabriel Pérez del Peral, advirtió que con el «ciclo económico reprimido o cuasirrecesivo» en México sería altamente probable que rumbo al 2021 no se reactive la recaudación, por lo que se reducirán de forma importante los estabilizadores como el gasto público y los impuestos hasta comprometer el comportamiento de los recursos fiscales del Estado mexicano, con lo cual podría ratificarse la hipótesis de que el presente será un «sexenio perdido» en términos de crecimiento económico y de que la recuperación

---

[13] Pérez, Maritza (3 de diciembre del 2020). «El coronavirus tumbó la economía mexicana: AMLO» en *El Economista*: https://www.eleconomista.com.mx/economia/El-coronavirus-tumbo-la-economia-mexicana-AMLO-20201203-0091.html.

económica nacional quedará completamente «en manos de los epidemiólogos» especializados en la vacunación y la atención de covid-19.[14]

Otra voz discordante con el discurso positivo de la Presidencia de la República para el 2021 sería el analista sénior en Masari Casa de Bolsa, Carlos Hernández, quien habría confirmado desde septiembre del 2020 que el sector financiero del país tendría pronosticado que la economía mexicana estará presionada «por lo menos en los siguientes tres o cuatro años», una prospectiva que corresponde con el avance de los años electorales 2021, cuando ocurrirá la renovación del Congreso y una quincena de Gubernaturas, 2022 y 2023, cuyos resultados son la antesala directa de los preparativos de la sucesión presidencial del 2024, cuando posiblemente se confirme si el sexenio de López Obrador «presentará su peor desempeño en más de tres décadas», representando un «sexenio perdido» por tener «la cifra más baja» de crecimiento desde el mandato de Miguel de la Madrid Hurtado (1982-1988), cuando la actividad tuvo un avance promedio anual del 0,1 %, de acuerdo con datos de Inegi.[15]

---

[14] Téllez, Cristian (11 de septiembre del 2020). «¿Otro sexenio perdido? AMLO apunta a tener el menor crecimiento del PIB desde Miguel de la Madrid» en *El Financiero*: https://www.elfinanciero.com.mx/economia/pib-tendria-menor-avance-con-amlo-en-tres-decadas.

[15] *Ibídem.*

ANEXO 2

Índice de la tendencia laboral de la pobreza y la pobreza laboral[1]

Coneval, noviembre del 2020

- El Consejo Nacional de Evaluación de la Política de Desarrollo Social (Coneval) presenta los resultados del Índice de la Tendencia Laboral de la Pobreza (ITLP) del tercer trimestre 2020 con información de la Encuesta Nacional de Ocupación y Empleo Nueva Edición (ENOE^N).
- El ingreso laboral real mostró una disminución de 6,7 % entre el tercer trimestre del 2019 y el tercer trimestre del 2020, lo anterior aumentó la pobreza laboral (porcentaje de la población con un ingreso laboral inferior al valor de la canasta alimentaria) del 38,5 % al 44,5 % en este período, lo cual se vio reflejado en un incremento de la pobreza laboral en 28 de las 32 entidades federativas.
- Entre el primer y tercer trimestre del 2020, el ingreso laboral real tuvo una disminución del 12,3 %, y un aumento de la pobreza laboral del 35,7 % al 44,5 %.

---

[1] Tomado de: https://www.coneval.org.mx

Este comportamiento contrasta con la tendencia creciente en el ingreso de los últimos años.
- Un total de 12 entidades federativas mantuvieron niveles de pobreza laboral por encima del 45 % en julio, agosto y septiembre (Chiapas, Ciudad de México, Guerrero, Hidalgo, Morelos, Oaxaca, Puebla, Quintana Roo, San Luis Potosí, Tabasco, Tlaxcala y Veracruz).
- En el tercer trimestre del 2020, la pobreza laboral de los hombres ocupados presentó un aumento de 2 puntos porcentuales respecto al primer trimestre del 2020, mientras que la pobreza laboral de las mujeres ocupadas se mantuvo en 15,6 %, en el mismo período.
- El Coneval estará atento a la información que provea el INEGI acerca de la ENOE y la ENOE^N, dado el contexto de la covid-19, para comunicar sobre las siguientes publicaciones referentes al ITLP e indicadores de corto plazo.

Debido a la contingencia sanitaria por la covid-19, el Inegi suspendió la recolección de información de la ENOE[2] del segundo trimestre del 2020, por lo que, al no contar con este insumo, el Coneval no estimó los indicadores correspondientes a este período.

---

[2] Instituto Nacional de Estadística y Geografía. Comunicado de prensa N.° 142/20, 31 de marzo del 2020. Disponible en: https://www.inegi.org.mx/contenidos/saladeprensa/boletines/2020/especiales/INEGI-COVID.pdf

Sin embargo, para continuar con el monitoreo de la ocupación y empleo, el Inegi implementó el levantamiento de la Encuesta Telefónica de Ocupación y Empleo (ETOE) de abril a junio, con una submuestra telefónica de la ENOE del primer trimestre del 2020. El Coneval publicó información acerca de la pobreza laboral con la ETOE para estos meses; si bien esta no es estrictamente comparable con las estimaciones elaboradas a partir de la ENOE, sirven como medida de referencia[3], lo cual se describe en el apartado *Porcentaje mensual de población con un ingreso laboral inferior al costo de la canasta alimentaria* de este comunicado.

Conforme al acuerdo de la Secretaría de Salud por el cual se reanudan todos los censos y encuestas, emitido el 17 de julio del 2020, se reiniciaron paulatinamente las entrevistas cara a cara. De esta forma, el 3 de septiembre, el Inegi dio a conocer los resultados de la ENOE^N para el mes de julio.[4] Se informó que esta incorpora dos estrategias de levantamiento: entrevistas cara a cara y telefónicas a la vez, y que mantiene el mismo diseño conceptual, estadístico y metodológico de la ENOE tradicional.[5], [6]

---

[3] La información se encuentra disponible en: https://www.coneval.org.mx/Medicion/Paginas/Pobreza_Laboral_ETOE.aspx

[4] Instituto Nacional de Estadística y Geografía. Comunicado de prensa N.° 416/20, 3 de septiembre del 2020. Disponible en: https://www.inegi.org.mx/contenidos/saladeprensa/boletines/2020/iooe/enoeNvaEdcion2020_09.pdf

[5] Para más información consultar la documentación de la ENOE^N: https://www.inegi.org.mx/programas/enoe/15ymas/

[6] Para más información, consultar la documentación de la ENOE^N: https://www.inegi.org.mx/contenidos/saladeprensa/boletines/2020/enoe_ie/enoe_ie2020_11.pdf

En el tercer trimestre la ENOE^N alcanzó el 64% de la muestra trimestral de la ENOE, por lo que aún no se alcanzan los niveles de respuesta previos al inicio de la pandemia originada por la enfermedad covid-19. Adicionalmente, su muestra se conformó de un 79% de entrevistas cara a cara y un 21% de entrevistas telefónicas efectivas.

"La comparación de la ENOE y la ENOE^N es válida ya que se mantiene el mismo diseño conceptual, estadístico y metodológico, además de que, derivado de los primeros análisis de los resultados de los indicadores estratégicos, considerando la muestra de entrevistas cara a cara *versus* la muestra de entrevistas cara a cara más las entrevistas telefónicas, se observa en general que no existen cambios estadísticamente significativos en los indicadores estratégicos de ocupación y empleo". Por ello, el Inegi informó que estará publicando un primer análisis sobre los efectos de las entrevistas telefónicas y las entrevistas cara a cara.

En este sentido, la ENOE^N responde a la necesidad de retornar de manera paulatina al levantamiento regular de la ENOE y dar continuidad a la generación de la información sobre las características y condiciones de la población vinculada al mercado laboral.

Derivado de la publicación de la ENOE$^{N(7)}$, con datos al tercer trimestre del 2020, el Coneval da a conocer los resul-

---

[7] Instituto Nacional de Estadística y Geografía. Comunicado de prensa N.º 416/20, 17 de noviembre del 2020. Disponible en: https://www.inegi.org.mx/contenidos/saladeprensa/boletines/2020/enoe_ie/enoe_ie2020_11.pdf

tados del ITLP. Debido a la falta de información del ITLP para el segundo trimestre, el presente análisis retoma el último trimestre disponible con la ENOE, el cual hace referencia al primer trimestre del 2020.

Variación del poder adquisitivo del ingreso laboral y de la población con un ingreso laboral inferior a la Línea de Pobreza Extrema por Ingresos

El poder adquisitivo del ingreso laboral real per cápita tuvo una disminución del 6,7% entre el tercer trimestre del 2019 y el tercer trimestre del 2020, al pasar de $1794,87 a $1675,21. Asimismo, entre el primer trimestre del 2020, el último trimestre disponible con información de la ENOE, y el tercer trimestre del 2020 se observa una disminución del 12,3% en el ingreso laboral real per cápita. Este es el ingreso más bajo desde el cuarto trimestre del 2017, cuando se ubicó en $1669,31. Este comportamiento contrasta con la tendencia creciente en el ingreso de los últimos años.

En este sentido, durante el tercer trimestre del 2020 también se observó un aumento del Índice Nacional de Precios al Consumidor (INPC) respecto al registrado en el mismo período del año anterior, la inflación promedio anual se ubicó en 3,9%, mayor a lo reportado en el tercer trimestre del 2019, que fue de 3,3%. Este comportamiento en el nivel de precios puede deberse en parte al incremento en los precios de las mercancías, de las frutas y las verduras, así como de los energéticos.[8]

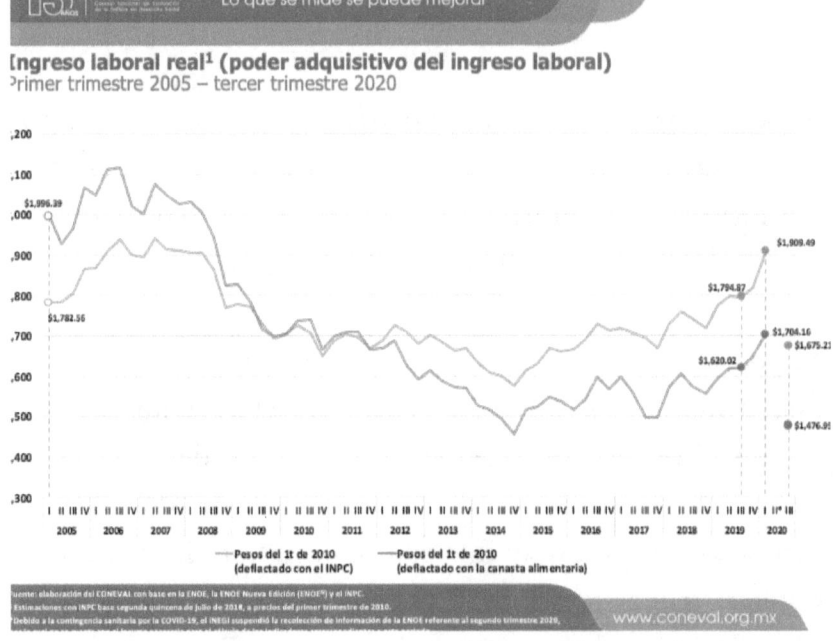

Las líneas de pobreza extrema por ingresos (valor monetario de la canasta alimentaria) aumentaron anualmente el 6,2% en zonas urbanas y el 7,4% en zonas rurales, ambas variaciones mayores a la inflación anual del 3,9% y a las observadas en el mismo período del año anterior.

Del primer al tercer trimestre del 2020, se observa que el valor monetario de la línea de pobreza extrema por ingresos

---

[8] Instituto Nacional de Estadística y Geografía. Comunicado de prensa N.° 456/20, 8 de octubre del 2020. Disponible en: https://www.inegi.org.mx/contenidos/saladeprensa/boletines/2020/inpc_2q/inpc_2q2020_10.pdf

urbana presentó un aumento del 2,2 %, mientras que para el ámbito rural fue del 2,8 %. Este comportamiento en las líneas de pobreza, así como la reducción del ingreso, explica parte de la disminución en el poder adquisitivo de los hogares, similares a los dos últimos trimestres del 2017.

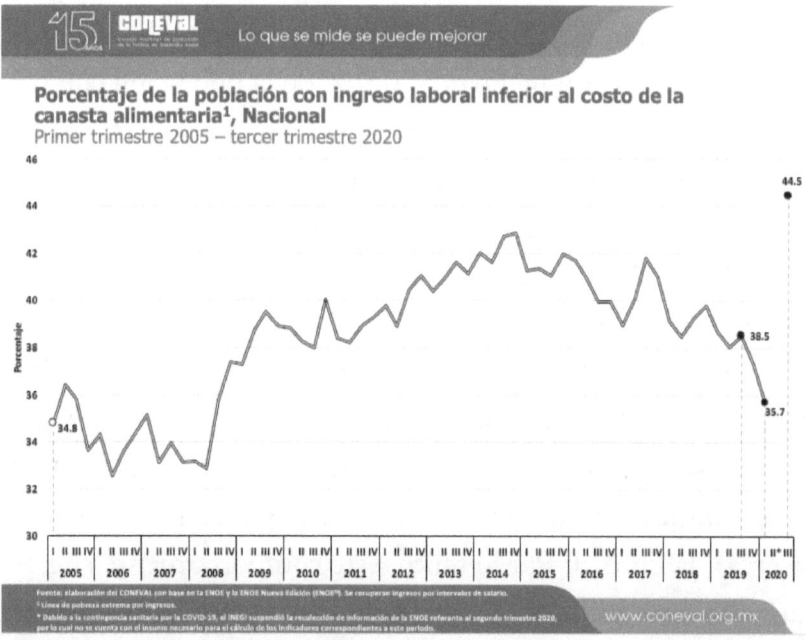

El porcentaje de la población con un ingreso laboral inferior al costo de la canasta alimentaria aumentó al pasar del 38,5 % en el tercer trimestre del 2019 al 44,5 % en el tercer trimestre del 2020.

Entre los factores que explican este incremento se encuentra la disminución anual del 6,7 % en el ingreso laboral real, el aumento en los precios de la canasta alimentaria y el aumento en la tasa de desocupación.

Desigualdad en la distribución del ingreso laboral per cápita

Entre el tercer trimestre del 2019 y el tercer trimestre del 2020, se observó una ampliación en la brecha del ingreso laboral per cápita entre la población de menores y mayores ingresos laborales. Durante el tercer trimestre del 2019, el ingreso laboral promedio del 20,0 % de la población con mayores ingresos laborales per cápita (quinto quintil) representó 34,3 veces el ingreso del 20,0 % de la población con menor ingreso laboral (primer quintil), mientras que para el mismo periodo del 2020 representó 146,3 veces.

En este mismo sentido, entre el tercer trimestre del 2019 y el tercer trimestre del 2020, el coeficiente de Gini aumentó del 0,49 al 0,54, respectivamente, es decir, un aumento de casi 0,05 puntos Gini en un año. El coeficiente de Gini es un indicador que refleja mayor desigualdad entre más se acerca a la unidad. Por lo tanto, este comportamiento sugiere un aumento en la desigualdad de los ingresos laborales per cápita en México.

Variación de la masa salarial real

La masa salarial (monto de las remuneraciones totales de los ocupados) disminuyó 5,8 % entre el tercer trimestre del 2019 y el mismo período del 2020, al pasar de $203 095,15 millones a $191 217,58 millones. De igual modo, entre el primer y el tercer trimestre del 2020, la masa salarial disminuyó el 12,4%, dado que en el primer trimestre de este año se ubicó en $218 345,97 millones. La disminución de la masa salarial se da ante una reducción en el ingreso laboral real de los trabajadores y una disminución en el número de ocupados, durante este período.

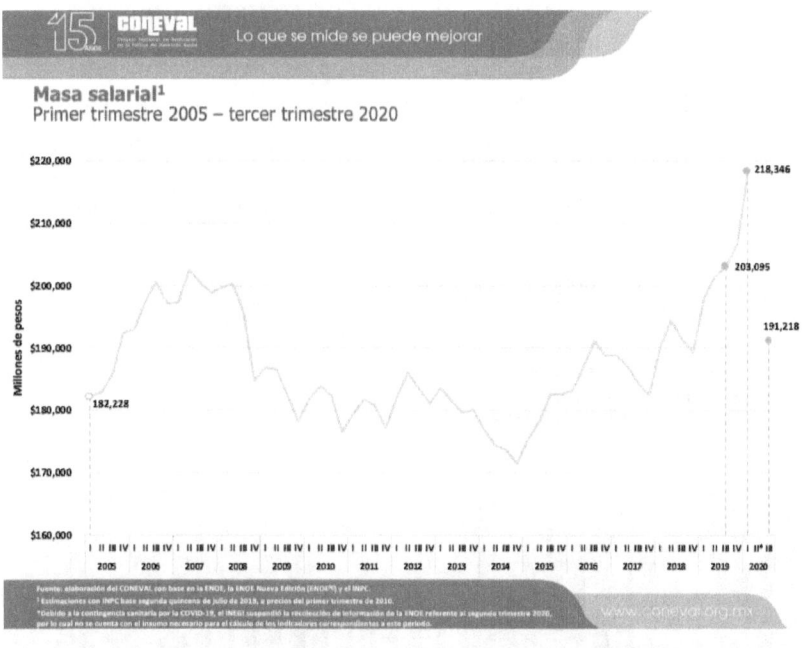

Variación del porcentaje de población con un ingreso laboral inferior al costo de la canasta alimentaria a nivel de entidad federativa

El aumento en el porcentaje de la población que no puede adquirir la canasta alimentaria con su ingreso laboral entre el tercer trimestre del 2019 y el tercer trimestre del 2020, a nivel nacional, fue de 5,9 puntos porcentuales, lo cual se vio reflejado en un incremento de la pobreza laboral en 28 de las 32 entidades federativas. Destacan Quintana Roo, Baja California Sur y Sonora con un incremento del 22,4, 13,7 y 13,1 puntos porcentuales, respectivamente.

En contraste, las entidades que presentaron una disminución en el porcentaje de población que no puede adquirir la canasta alimentaria con su ingreso laboral durante el mismo periodo fueron: Zacatecas, Morelos, Michoacán y Oaxaca con 2,1, 2,0, 0,8 y 0,6 puntos porcentuales, respectivamente.

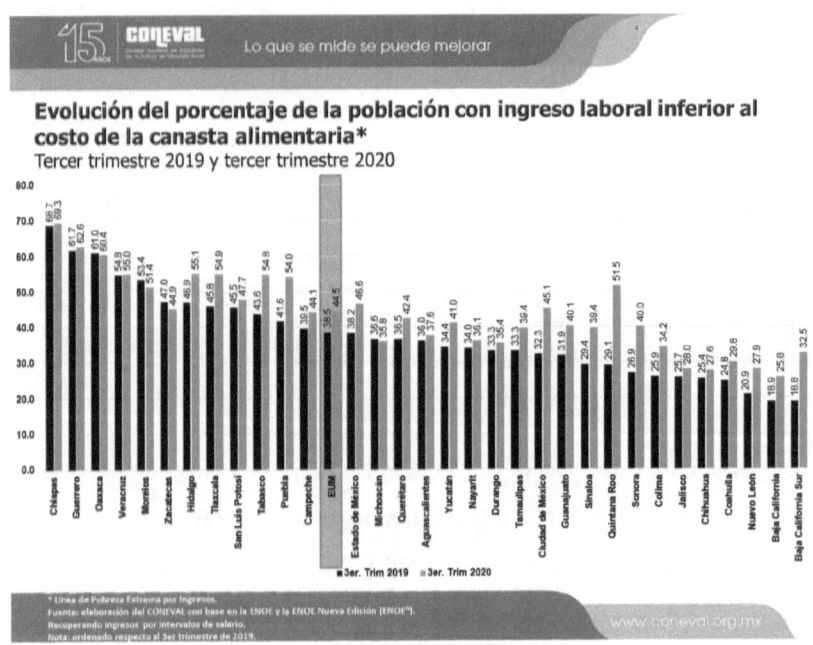

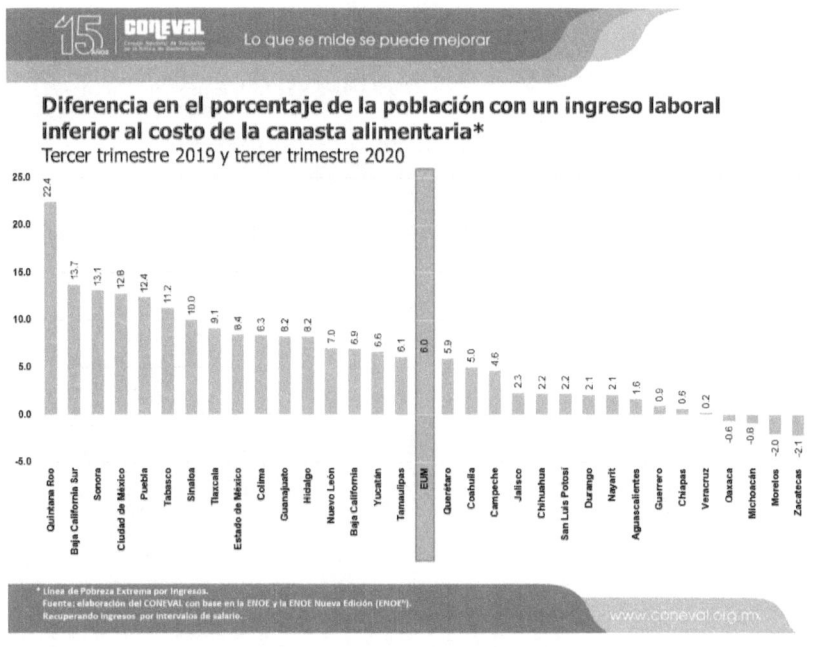

Variación del ingreso real per cápita según entidad federativa

La disminución en el ingreso laboral promedio entre el tercer trimestre del 2019 y el tercer trimestre del 2020, a nivel nacional, fue del 6,7 %, lo cual se vio reflejado en una disminución real del ingreso laboral en 23 de las 32 entidades federativas del país. Al respecto, destacan Quintana Roo, Baja California Sur y Sonora con las mayores disminuciones del ingreso laboral promedio, con 27,4 %, 21,1 % y 19,3 %, respectivamente.

En contraste, entre las entidades que presentaron un aumento en el ingreso laboral promedio entre el tercer trimestre del 2019 y el tercer trimestre del 2020, fueron Nayarit,

Veracruz y Zacatecas las que registraron un mayor incremento, con 20,2%, 10,5% y 7,0%, respectivamente.

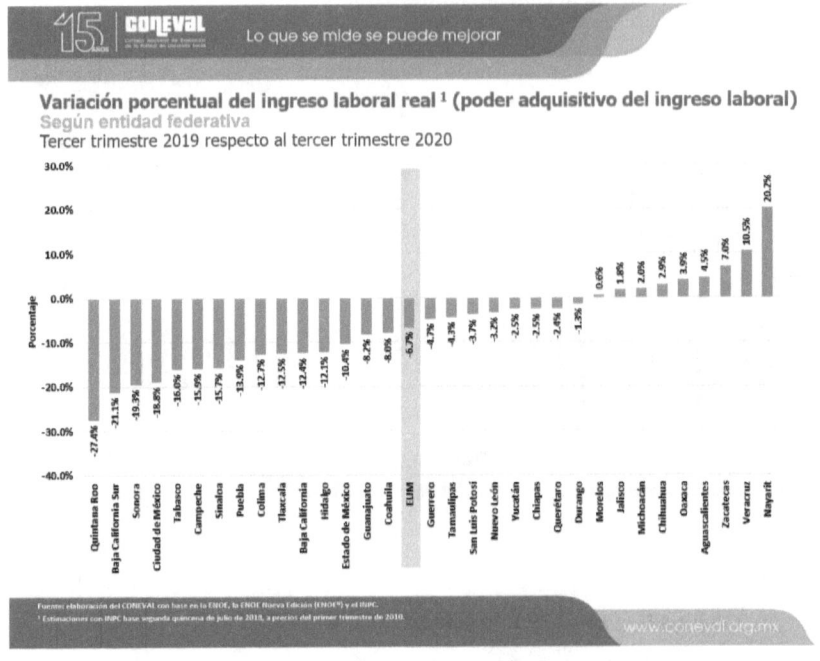

Grupos poblacionales por número de ocupados

Ingreso laboral real promedio
de la población ocupada según sexo

En el tercer trimestre del 2020, el ingreso laboral real promedio de la población ocupada a nivel nacional fue de $4252,90 al mes. Los hombres ocupados reportaron un ingreso laboral real mensual de $4516,86 y las mujeres de $3822,51. La brecha entre los ingresos laborales en este trimestre es de $694,35, la menor desde el 2005. En términos relativos para este trimestre el ingreso de los hombres ocupados es aproximadamente 1,2 veces mayor al de las mujeres.

En términos absolutos, entre el tercer trimestre del 2019 y el tercer trimestre del 2020, el ingreso laboral real promedio de los hombres disminuyó $24,59, mientras que el de las mujeres aumentó $289,60.

Este incremento en el ingreso laboral real promedio de las mujeres indica una recuperación de $314,19 respecto a la brecha del mismo periodo del año anterior.

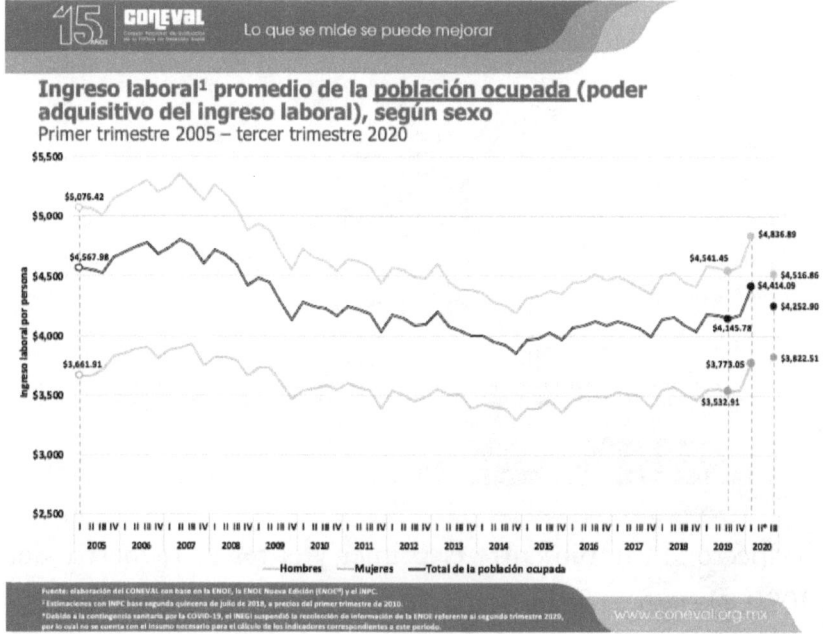

Ingreso laboral real promedio de la población ocupada según pertenencia étnica

En el tercer trimestre del 2020, el ingreso laboral real promedio del total de la población ocupada que reside en municipios no indígenas fue de $4252,90 al mes, mayor al correspondiente de ocupados residentes en municipios indígenas, en los que se observa un ingreso promedio de $1999,25. Es decir, el ingreso laboral real promedio de los ocupados en el tercer trimestre del 2020, en municipios no indígenas es 2,2 veces más que en aquellos que residen en municipios indígenas.

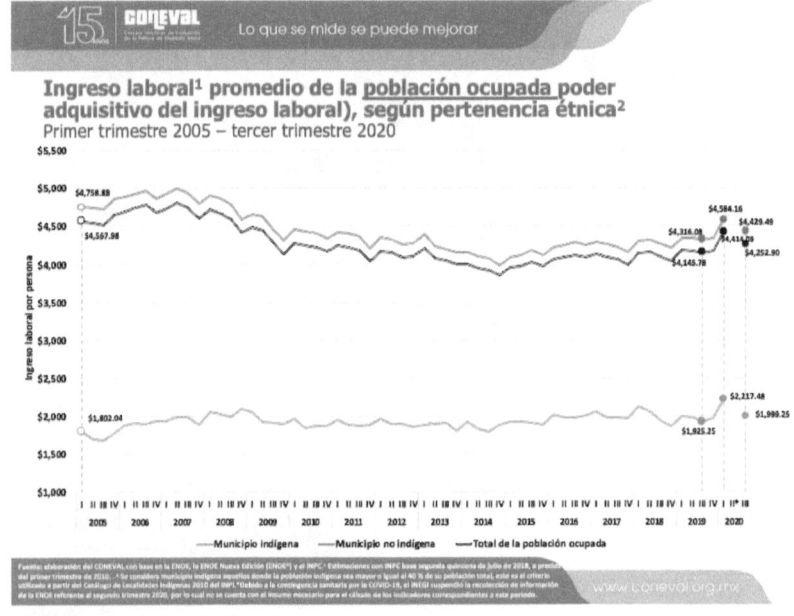

Respecto al cambio entre el primer y el tercer trimestre del 2020, el ingreso de los ocupados residentes en municipios indígenas disminuyó $218,24. Por otro lado, en los municipios no indígenas esta disminución fue de $154,67 durante este mismo período.

Ingreso laboral real promedio de la población ocupada según rangos de edad

El nivel del ingreso laboral real cambia dependiendo del grupo de edad. Para el tercer trimestre del 2020, la población adulta (30 a 64 años), los jóvenes (12 a 29 años) y los adultos mayores (65 años o más) recibieron en promedio por su trabajo $4671,12, $3514,30, y $2941,91, respectivamente. En el tercer trimestre del 2020, la población de 30 a 64 años recibió aproximadamente 1,3 veces el ingreso de los jóvenes y 1,6 veces más que los adultos mayores.

Entre el tercer trimestre del 2019 y el tercer trimestre del 2020, el ingreso laboral de los jóvenes aumentó en $115,85 respecto a los adultos, mientras que el ingreso laboral de estos disminuyó $79,00 en comparación con el de los adultos mayores.

Variación del ITLP entre el primer y el tercer trimestre del 2020

Entre el primer y el tercer trimestre del 2020, el ITLP presentó un aumento del 24,5 %, al pasar del 0,9199 al 1,1452, el aumento más grande en toda la serie. Este cambio en el ITLP se ve acompañado de una disminución en el poder adquisitivo del ingreso laboral de 12,3 % en este mismo período.

El ITLP mostró un aumento entre estos períodos, tanto en el ámbito rural como en el urbano; sin embargo, este cambio se dio de forma más pronunciada en las zonas urbanas con un aumento del 29,9 % respecto al primer trimestre del 2020, mientras que, en las zonas rurales, fue del 13,3 %. Lo anterior se acompaña de una disminución en el ingreso laboral real en las zonas urbanas del 12,5 % y del 10,3 % en las zonas rurales.

Variación anual del ITLP del tercer trimestre del 2020

En la variación anual, el ITLP registró un aumento del 15,4 %, al pasar de 0,9926 a 1,1452 entre el tercer trimestre de 2019 y el tercer trimestre del 2020. Dicho comportamiento se refleja en la dinámica del valor de la línea pobreza por ingresos y en el aumento del porcentaje de la población con ingreso laboral inferior a la línea de pobreza extrema por ingresos.

Este indicador mostró un aumento tanto en las zonas urbanas (20,5 % respecto al mismo trimestre del año anterior) como en las zonas rurales (5,0 %).

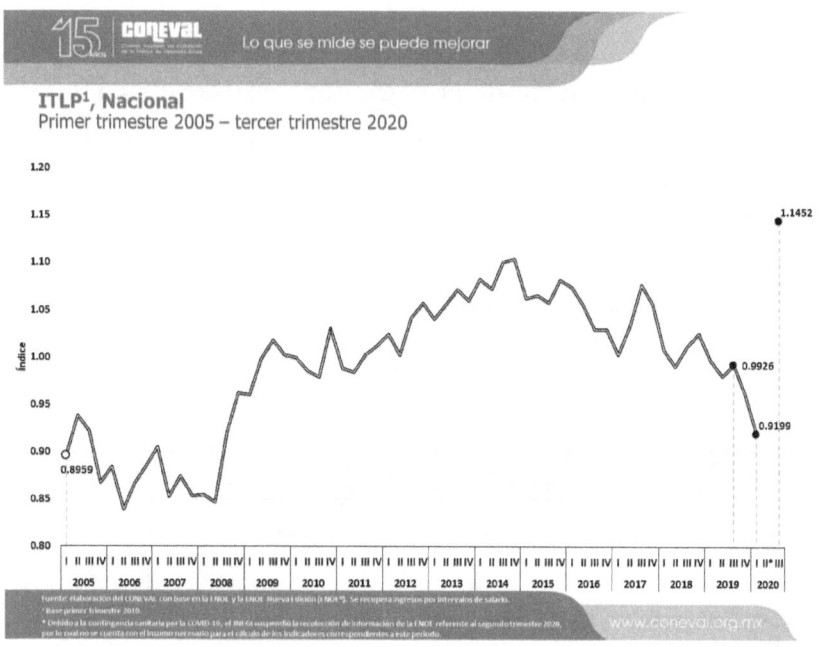

Porcentaje mensual de la población con un ingreso laboral inferior al costo de la canasta alimentaria

Porcentaje mensual de la población con un ingreso laboral inferior al costo de la canasta alimentaria con la Encuesta Telefónica de Ocupación y Empleo (ETOE)

Debido a la contingencia sanitaria por la covid-19, el Inegi suspendió la recolección de información de la ENOE referente al segundo trimestre del 2020, por lo cual no se cuenta con el insumo necesario para el cálculo de los indicadores correspondientes a este período. Sin embargo, para continuar con el monitoreo de la ocupación y empleo, el Inegi implementó la Encuesta Telefónica de Ocupación y Empleo (ETOE), realizada como su nombre lo indica vía telefónica. El Coneval retomó la información de la ETOE para realizar el análisis de las condiciones laborales de la población para el segundo trimestre del 2020.

Es importante mencionar que, de acuerdo con lo que el Inegi informa sobre la ETOE, las cifras que ofrece no son estrictamente comparables en su forma de implementarse con la ENOE y la ENOE^{N}.

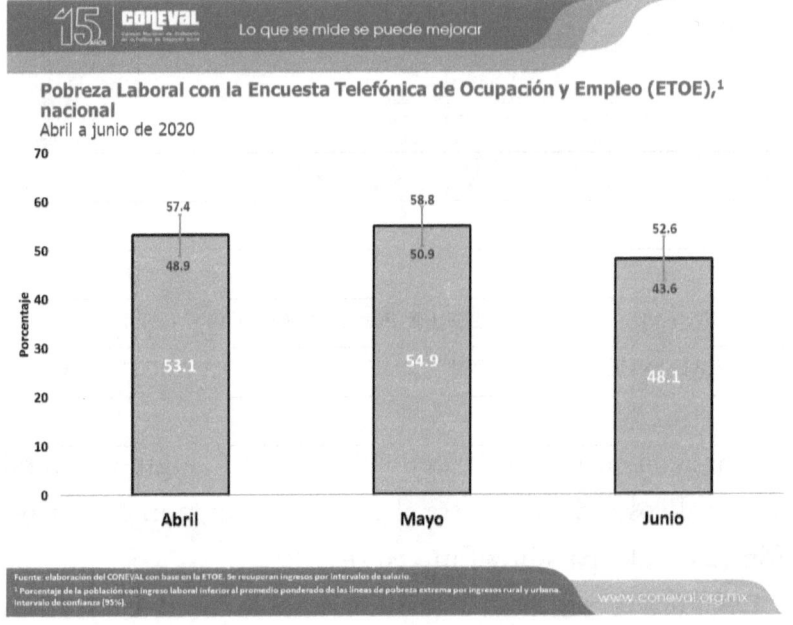

Con datos de la ETOE se estimó que, en junio, el 48,1 % de las personas se encontraban en una situación de pobreza laboral; el intervalo de confianza[9] estimado señala que este indicador

---

[9] Se consideran intervalos de confianza al 95 %.

podría encontrarse entre el 43,6 % y el 52,6 % para dicho mes.

En abril, mayo y junio, con información de la ETOE, se observa un comportamiento fluctuante de la pobreza laboral. Entre abril y mayo del 2020, la pobreza laboral aumentó 1,7 puntos porcentuales.

En contraste, para junio el porcentaje disminuye y alcanza el valor mínimo de la serie con información de la ETOE, 48,1 % de pobreza laboral, el cual se encuentra por debajo del límite inferior del intervalo de confianza de la pobreza laboral de abril y mayo.

Porcentaje mensual de la población con un ingreso laboral inferior al costo de la canasta alimentaria con la Encuesta Nacional de Ocupación y Empleo Nueva edición (ENOE^N)

La ENOE^N para el tercer trimestre del 2020 permite diferenciar el mes en el que se realizó la entrevista, lo que da la posibilidad de calcular la pobreza laboral para los meses de julio, agosto y septiembre.

A nivel nacional, el porcentaje de personas en situación de pobreza laboral pasó del 46,3 % en el mes de julio al 44,9 % en septiembre.

El porcentaje de pobreza laboral, como se observa en los mapas correspondientes a julio, agosto y septiembre, se ha concentrado en el sur y centro del país. Los estados que presentan los mayores porcentajes de pobreza laboral en los tres meses son Chiapas, Oaxaca y Guerrero.

Por otra parte, en los estados de Baja California, Coahuila, Chihuahua, Jalisco y Nuevo León, menos del 35,0% de la población se encuentra en situación de pobreza laboral de forma constante entre julio, agosto y septiembre. Destacan los casos de Baja California y Chihuahua, que en el mes de agosto el porcentaje de pobreza laboral se situó por debajo del 25,0%.

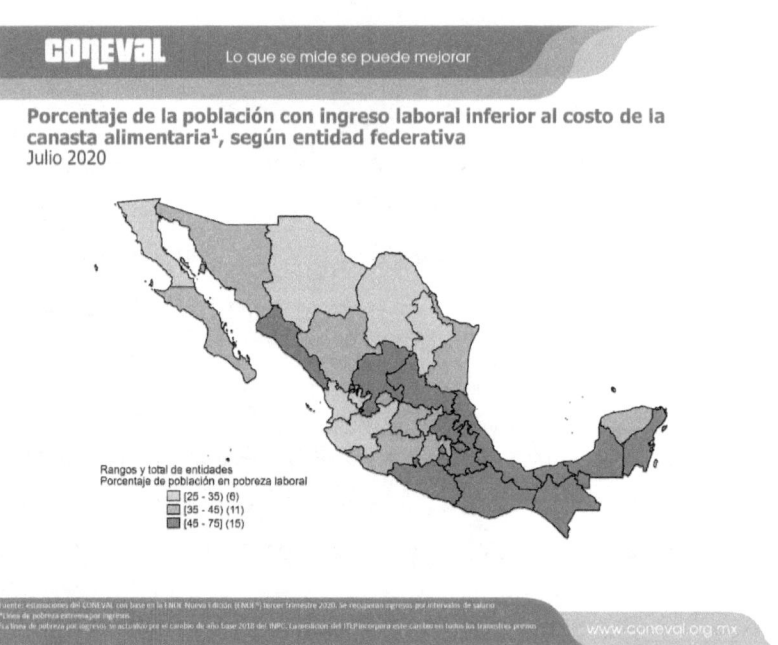

Nota: En julio, Chihuahua, Estado de México, Nayarit y Nuevo León son las entidades con un coeficiente de variación mayor a 15%, o bien, una baja precisión estadística, respecto de las estimaciones de pobreza laboral a nivel entidad federativa.

ANEXO 2

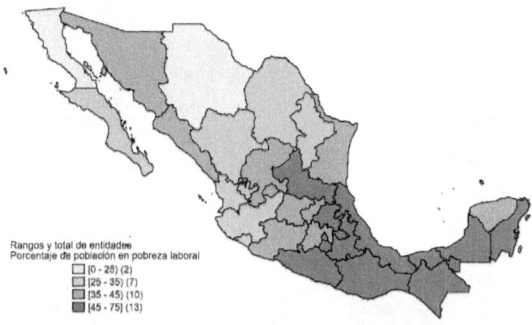

Porcentaje de la población con ingreso laboral inferior al costo de la canasta alimentaria[1], según entidad federativa
Agosto 2020

Porcentaje de la población con ingreso laboral inferior al costo de la canasta alimentaria[1], según entidad federativa
Septiembre 2020

Nota: En septiembre, Nayarit presenta un coeficiente de variación mayor a 15 %, o bien, una baja precisión estadística respecto de las estimaciones de pobreza laboral a nivel entidad federativa.

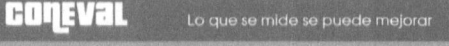

Porcentaje de la población con ingreso laboral inferior al costo de la canasta alimentaria[1], según entidad federativa
Tercer trimestre 2019 y tercer trimestre 2020

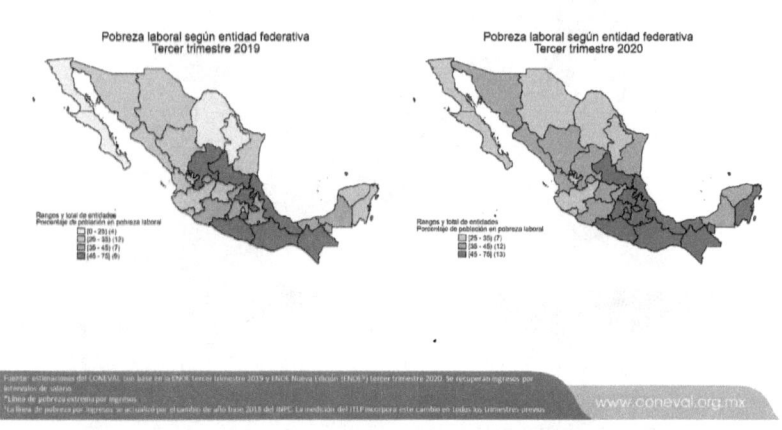

Comentario al informe del Coneval 2020

Hay más pobreza en México.

El Consejo Nacional de Evaluación de la Política de Desarrollo Social (Coneval) presentó en noviembre del 2020 su estimación respecto a la llamada «pobreza laboral» en el tercer trimestre de ese año.

De acuerdo con los datos del Coneval, que es el oficialmente calificado para hacer las mediciones de pobreza en México, el porcentaje de personas que tienen un ingreso laboral inferior al valor de la canasta alimentaria aumentó del 35,7 % al 44,5 % entre el primero y el tercer trimestre de este año.

La razón de este incremento es la caída en el ingreso laboral real, sobre todo por efecto de la pérdida de ocupaciones y empleos.

Cabe subrayar que uno de los objetivos explícitos del Gobierno del presidente López Obrador es combatir la pobreza y la desigualdad. Paradójicamente, como resultado del mal desempeño económico que tendremos en el 2020 y de la falta de apoyos a la población que está experimentando los efectos de la pandemia, tendremos un aumento de ambos.

También el factor desigualdad al tercer trimestre del 2020 había aumentado a 146 veces.

Si en el 2021 la actividad económica avanza, así sea de manera moderada, de acuerdo con los especialistas de todas maneras terminaría el próximo año probablemente por abajo de los niveles que el país tenía en el 2019, por lo que y habrá que esperar —en el mejor de los casos— hasta el 2022 o el 2023 para regresar a los niveles del 2018.

ANEXO 3

México en el informe anual del FMI

Octubre del 2020

En el marco de su reunión anual, realizada de manera virtual en octubre del 2020, el Fondo Monetario Internacional (FMI) presentó sus perspectivas económicas para los años 2020 y 2021, y sus proyecciones hasta el año 2025. De acuerdo con su análisis, el PIB por habitante en México en el 2024 será equivalente al que teníamos en el año 2013. Es decir, después de 11 años el nivel de ingreso de nuestro país estará estancado.

La medición del FMI, que pondera el tamaño de la economía con el de la población, concluye que en la Administración del presidente Andrés Manuel López Obrador, del 2018 al 2024, el PIB per cápita habrá caído en 5,6 %, lo cual sería la caída más importante desde el sexenio del presidente Miguel De la Madrid —1982-1988—, cuando el retroceso de esta variable fue del 10,4 %.

La evolución de este indicador habla de la pérdida de capacidad de crecimiento de México. Ahora bien, si las proyecciones del FMI son correctas, quiere decir que el ritmo de crecimiento de esta variable *en el primer cuarto de este siglo* será apenas del 0,2 %. Nada. México habrá caminado entonces hacia el estancamiento.

En el Gobierno del presidente López Obrador, al estimar que el crecimiento no es lo importante, sino la distribución del ingreso, las políticas aplicadas (distribución de dinero en efectivo) han obstaculizado la generación de incentivos para el crecimiento de la economía.

El problema —comentan los expertos— es que la falta de crecimiento económico acabará por generar mayor desigualdad y perjudicar los estratos de menores ingresos, de manera que el resultado será completamente opuesto al objetivo explícito señalado por el presidente de la República.

Cabe subrayar que entre el año 2000 y el 2019 (antes de tener el efecto del covid-19) la inversión per cápita en México cayó en el 8,3 % anual en promedio y que esa pérdida es lo que determina en buena medida la problemática de la falta de crecimiento. Por eso es que el cuadro de estancamiento que perfila el FMI para nuestro país es posible y probable.

ANEXO 4

2019-2020:
Capitulación anunciada

Esta es la historia de una capitulación anunciada, cuyo punto de partida fue una escueta declaración del entonces candidato a la presidencia de la República Andrés Manuel López Obrador: «Abrazos y no balazos», consigna que a muchos analistas les pareció un mensaje dirigido a la sociedad mexicana, aunque hubo quienes observaron una oferta a los carteles de la droga.

La primera estación fue, sin duda, una confirmación. El 17 de octubre del 2019, día en que el cartel de Sinaloa y el hijo de Joaquín *el Chapo* Guzmán —Ovidio Guzmán López— lograron salir airosos de una operación para capturarlo y extraditarlo a los Estados Unidos, de acuerdo con una petición expresa de ese país al Gobierno mexicano. Como luego fue de dominio público, la liberación de Ovidio Guzmán López fue ordenada directamente por el presidente López Obrador, tras haber obligado a las fuerzas del Estado mexicano a detener el operativo y capitular. Así las cosas, «Abrazos y no balazos» pasaba a ser más que una ingeniosa consigna de campaña.

Y si bien no hubo abrazos, tampoco balazos, pero sí la gratitud del abogado de los traficantes de droga al presidente López Obrador en una conferencia de prensa.

Luego vino otra confirmación, esta vez más cerca de los abrazos: cuando el presidente de la República se fue a los terrenos dominados por el cartel de Sinaloa a visitar a la madre del *Chapo* Guzmán y abuela del joven Ovidio Guzmán López el día de su cumpleaños. No hubo abrazos, pero sí un diálogo amable y un tierno apretón de mano.

La escalada aún no ha terminado. «Abrazos y no balazos» logró alcanzar en diciembre del 2020 las instancias institucionales, orientadas a dar ahora un paso más, con las reformas a la Ley Nacional de Seguridad y la Ley del Banco de México, ambas altamente peligrosas en tanto ponen a México en la puerta que lleva a la República a ponerse institucionalmente del lado de los carteles de la droga y la delincuencia organizada.

La primera reforma obliga a los agentes encargados de actuar con identidades encubiertas a revelar sus identidades y a reportar al Gobierno, mensualmente y por escrito, sus acciones y hasta la información que hayan recopilado. De más está decir que con ello el presidente López Obrador pasa a tener el control total sobre la información en curso y de quienes combaten al crimen organizado. ¿Qué hará con eso el Presidente si su prioridad son los abrazos?

Con la reforma a la Ley del Banco de México se cerraría la pinza, ya que lo obligaría a adquirir los excedentes de dólares para que no puedan repatriarse a los Estados Unidos, una reforma que pone al Banxico en el lado de la ilegalidad, de hecho, obligado a lavar dinero, al tener que operar con recursos de procedencia ilícita, e incorporarlos a sus reservas y al sistema financiero.

En suma, los grupos criminales ya no necesitarán crear empresas para lavar dinero. Gracias al presidente López Obrador, y el Congreso, será el Banxico el encargado de hacer ese trabajo.

Lo dicho: lo que pareció en campaña una frase ingeniosa en boca de un agitador social, en verdad tenía un fondo oscuro. Y ahora queda claro. No fue un mensaje a la nación o a la sociedad. «Abrazos y no balazos» fue una oferta política al crimen organizado. Y se los está cumpliendo. Que no se diga en este caso que el presidente de México carece de palabra.

ANEXO 5

2019-2020: Los años más violentos en la historia de México

Visión de la presidencia de la República

Tras cumplirse los primeros 24 meses de la administración pública que encabeza el presidente Andrés Manuel López Obrador es claro que en el manejo de la cartera de Seguridad Pública solo se pueden mencionar avances de orden administrativo o burocrático. En efecto, tras afirmar que «en todos los delitos ha habido disminución en comparación con noviembre del 2018... y que ya no manda la delincuencia, como era antes», resaltan como «logro» el cumplimiento de 5 compromisos de campaña del actual presidente de la República.

1) El Compromiso Número 62, consistente en integrar al Estado Mayor Presidencial a la Secretaría de la Defensa Nacional (Sedena) y desaparecer el Centro de Investigación y Seguridad Nacional (Cisen) para evitar el espionaje a opositores y a ciudadanos, colocando una «oficina sucesora» que es el Centro Nacional de Inteligencia (CNI) con la encomienda única de hacer labores

de inteligencia para garantizar la paz y preservar la seguridad nacional;

2) El Compromiso Número 84, consistente en llevar a cabo de lunes a viernes, a las 6:00 am, la reunión diaria del Presidente con el Gabinete de Seguridad, acumulando hasta el 1.º de diciembre del 2020 un total de 508 sesiones;

3) El Compromiso Número 85, consistente en la creación de la Guardia Nacional;

4) El Compromiso Número 86, que habría logrado parcialmente hasta el 1.º de diciembre del 2020, consistente en el despliegue de 176 Coordinaciones de Seguridad Pública en todo el país, y

5) El Compromiso Número 87, que consiste en el compromiso expreso del presidente de la República en su calidad de comandante supremo de las Fuerzas Armadas para que en ningún momento se gire la orden de que el Ejército o la Marina masacren o repriman al pueblo, acabando la guerra para construir la paz y hermanar a todos los mexicanos.[1]

---

[1] López Obrador, Andrés Manuel. Presidente de México. 100 compromisos de gobierno (1.º de diciembre del 2020) en: https://presidente.gob.mx/wp-content/uploads/2020/12/100_compromisos_1_de_diciembre_2020-1.pdf.

Visión de los especialistas y las organizaciones

Sin embargo, desde el punto de vista de los especialistas, investigadores y organizaciones de la sociedad, el comparativo de cifras entre los logros alcanzados por la presente Administración y las dos previas —de los expresidentes Felipe Calderón y Enrique Peña Nieto— demuestran que hay serios pendientes en la gestión pública para controlar la expresión delictiva en el país.

Por ejemplo, las autoridades del actual sexenio aseguran que con excepción de los incrementos en el homicidio doloso (+7,9 %) y la extorsión (+12,7 %) que se atribuyen directamente a la persistente delincuencia organizada, el resto de los rubros delictivos habrían disminuido hasta el 30 %. Sin embargo, al 1.° de septiembre del 2014, el entonces presidente Enrique Peña Nieto reportaba que entre el 2013 y el 2014 su Gobierno logró reducir hasta 27,8 % los homicidios dolosos y disminuir de 22 a 19 la tasa de homicidios por cada 100 000 habitantes, además de bajar en el 6,8 % las incidencias con la puesta en marcha de la Estrategia Nacional Antisecuestro, a la vez que bajar en un 20 % los casos de extorsión, 53 % los robos a vehículos particulares en carreteras, 20 % los robos a transeúntes y 13 % los robos a casas de habitación.[2]

---

[2] Segundo Informe de Gobierno del presidente Enrique Peña Nieto 2013-2014 (1.° de septiembre del 2014) en: https://es.wikipedia.org/wiki/Segundo_Informe_de_Enrique_Pe%C3%B1a_Nieto.

Por otro lado, el Segundo Informe de Gobierno del presidente Felipe Calderón, del 1° de septiembre del 2008, destacó que entre el 2007 y el 2008 disminuyeron un 3,3 % los delitos del fuero común, con logros específicos en la reducción de 19,5 % en secuestros, 9,4 % en violación y 6,3 % en lesiones, contrastando con los incrementos del 1,5 % en los casos de robo y 8,7 % en los homicidios dolosos.[3]

Desde otra perspectiva, en los foros de discusión nacional y análisis de los temas de agenda se detectó que el año «2019 —el primero del gobierno actual— fue el más violento en la historia de México», con una cifra total de 34 582 homicidios dolosos, abriendo paso al 2020 para superar esa cifra al acumular en tan solo 11 meses hasta 31 781 homicidios dolosos.

Por su parte, el Inegi confirmó el registro anual de hasta 750 000 personas desplazadas por el crimen organizado, cuya acción violenta se concentra principalmente en 15 municipios, donde ocurre el 27,5 % de los asesinatos, es decir, en las urbes de Tijuana y Ciudad Juárez, entre otras.[4]

La Encuesta Nacional de Victimización de Empresas (ENVE 2020) detectó que durante la Administración del presidente Andrés Manuel López Obrador los criminales han mantenido la dinámica donde una de cada tres unidades económicas del

---

[3] Segundo Informe de Gobierno del presidente Felipe Calderón 2007-2008 (1.° de septiembre del 2008) en: https://es.slideshare.net/jisj20/2008-informe-de-gobierno-2.

[4] Belsasso, Bibiana (24 de diciembre del 2020). «La realidad es cabrona» en *La Razón*: https://www.razon.com.mx/opinion/columnas/bibiana-belsasso/realidad-cabrona-417387.

país ha padecido uno o más delitos, acumulando un total de 3,9 millones de crímenes tan solo en el 2019.

En el 2020 cada negocio victimizado —de un universo de hasta 100 000— enfrentó un acumulado de hasta 2,6 delitos como asaltos, robos «hormiga», robo de mercancía en tránsito y robo de vehículos. De acuerdo con la ENVE 2020, cada año las empresas mexicanas pagaron hasta 5000 pesos mensuales de «impuesto» al crimen organizado, y en el caso de las grandes empresas el cobro mensual fue hasta 25 veces mayor.[5]

La Encuesta Nacional de Victimización y Percepción de la Seguridad Pública (Envipe) detectó en el 2020 un 39 % de delitos no denunciados y un 78,6 % de mexicanos mayores de 18 años inseguros en su entidad federativa, una cifra casi idéntica al 78,9 % del 2019, de tal forma que las entidades más inseguras siguen siendo los estados de México, Guerrero, Puebla, Morelos y Veracruz, en ese orden.

En términos de costos del delito para las familias mexicanas, la Envipe detectó que perdieron hasta 282 000 millones de pesos en el 2019, que equivalen al 1,53 % del PIB, de los cuales 94 000 millones fueron invertidos en medidas preventivas por la falta de «mejoría» en el fenómeno combinado de inseguridad y violencia.[6]

---

[5] Hope, Alejandro (14 de diciembre del 2020). «Los otros impuestos» en *El Universal*: https://www.eluniversal.com.mx/opinion/alejandro-hope/los-otros-impuestos.

[6] Hope, Alejandro. (11 de diciembre del 2020) «El iceberg del delito» en *El Universal*: https://www.eluniversal.com.mx/opinion/alejandro-hope/el-iceberg-del-delito.

De acuerdo con especialistas y organizaciones, en 24 meses de la Administración de López Obrador, con 96 000 elementos de la Guardia Nacional desplegados en todo el país, se acumuló un incremento del 11,9 % en las víctimas de homicidio doloso y feminicidios, a diferencia de los últimos 2 años del sexenio de Enrique Peña Nieto, cuando la extinta Policía Federal manejó solo 38 000 elementos, demostrando que el número de víctimas de ambos delitos pasó de 63 382 con Enrique Peña Nieto a 70 911 con Andrés Manuel López Obrador, con el agravante de que el presente sexenio ha registrado un incremento del 14,1 % en las incidencias de feminicidio.[7]

En lo correspondiente al segmento de la violencia homicida, los especialistas aseguran que, para diciembre del 2020, el país podría seguir acumulando hasta 3000 homicidios mensuales, lo cual hace prever que —a menos de que haya un cambio de ruta— podría desembocar en el 2024, al cierre de sexenio del presidente López Obrador, con aproximadamente 210 000 muertos, una cifra considerablemente mayor a los 155 000 de Enrique Peña Nieto y a los 121 000 de Felipe Calderón.

Según la organización «Impunidad Cero», en México sale «barato» matar, ya que 9 de cada 10 homicidas logran su cometido con 11,4 % de las carpetas de investigación por homicidio doloso que terminan en una sentencia condenatoria, lo cual permite una elevada impunidad genérica que dista de

---

[7] Rosas, Facundo, excomisionado de la Policía Federal. (4 de diciembre del 2020) «Balance seguridad, más policías más homicidios» en *El Heraldo*: https://heraldodemexico.com.mx/opinion/2020/12/4/balance-seguridad-mas-policias-mas-homicidios-232110.html.

las tasas de 60 % y 90 % de homicidios con sentencia condenatoria que ocurren en los países desarrollados.[8]

Tras revisarse la propuesta del entonces titular de la Secretaria de Seguridad y Protección Ciudadana del Gobierno Federal, Lic. Alfonso Durazo, para reforzar la «coordinación» de instancias gubernamentales a fin de resolver los problemas de violencia e inseguridad, surgieron dudas sobre la calidad de los resultados de su período antes de irse a competir con Morena por el Gobierno de Sonora. El punto es que en solo 23 meses en calidad de «coordinador» del Gabinete de Seguridad, se acumuló la elevada cifra de 66 134 víctimas, rebasando por mucho las cifras del mismo período del sexenio de Enrique Peña Nieto, cuando se registraron 32 897 casos, y las cifras del sexenio de Felipe Calderón, con 21 920 homicidios dolosos.[9]

Datos adicionales proporcionados por la organización «Consejo Ciudadano para la Seguridad Pública y la Justicia Penal», que encabeza José Antonio Ortega Sánchez, resaltan que hasta junio del 2020 el Gobierno de México no había logrado sacar a un total de 19 ciudades mexicanas del listado de las 50 urbes más violentas del mundo, monopolizando hasta el 40 % de la medición caracterizada por la concentración de altas tasas de homicidios por cada 100 000 habitantes. En ese sentido, la ciudad más violenta sería Tijuana, con

---

[8] Hope, Alejandro. (30 de noviembre del 2020) «La vida no vale nada» en *El Universal*: https://www.eluniversal.com.mx/opinion/alejandro-hope/la-vida-no-vale-nada.

[9] Rosas, Facundo, excomisionado de la Policía Federal (6 de noviembre del 2020). «La coordinación resuelve todo» en *El Heraldo*: .https://heraldodemexico.com.mx/opinion/2020/11/6/la-coordinacion-resuelve-todo-222558.html

134 homicidios por cada 100 000 habitantes, seguido por Ciudad Juárez con una tasa de 104,54.[10]

Durante el 2020 adquirió relevancia la gestión de la Oficina de la Presidencia de la República para reubicar las discusiones sobre los temas de la cartera de seguridad pública, al desechar en el mes de junio las solicitudes de acceso a la información que presentó la organización «Equis Justicia para las Mujeres», en las que se pidió el documento exacto en el que se basó el presidente Andrés Manuel López Obrador para asegurar que eran falsas el 90 % de las llamadas de mujeres solicitando auxilio al Sistema de Atención Telefónica de Emergencia 911, desestimando con ello la postura de colectivos feministas que aseguraron que durante la cuarentena por covid-19 se incrementó la violencia de género en el país.[11]

El especialista de la UNAM Javier Oliva detectó que desde mayo del 2018 se evidenció la pendiente de violencia y la expansión del crimen organizado hacia el robo del transporte de carga, tanto en carretera como en las vías férreas, lo cual habría ocasionado que los liderazgos de la Comisión de Transporte de la Confederación de Cámaras Industriales (Concamin)

---

[10] Monroy, Jorge (1.° de junio del 2020). «Las cinco ciudades más violentas del mundo están en México: CCSPJP» en *El Economista*: https://www.eleconomista.com.mx/politica/Las-cinco-ciudades-mas-violentas-del-mundo-estan-en-Mexico-CCSPJP--20200601-0072.html.

[11] Badillo, Diego (8 de junio del 2020). «Presidencia se declara incompetente para mostrar en qué se basa AMLO para decir que 90 % de las llamadas de auxilio de mujeres son falsas» en *El Economista*: https://www.eleconomista.com.mx/politica/Presidencia-se-declara-incompetente-para-mostrar-en-que-se-basa-AMLO-para-decir-que-90-de-las-llamadas-de-auxilio-de-mujeres-son-falsas-20200608-0039.html.

hubieran calificado el fenómeno como «alarmante», tras detectar durante el primer trimestre del 2018 un total de 3357 robos o asaltos a transportes de carga en general, representando un incremento del 108 % respecto del 2016, y un incremento del 65 % en comparación con el 2017.[12]

Finalmente, algunos analistas anticipan que al cerrar 2020 se combinarán los tremendos efectos negativos de la pandemia de coronavirus con la crisis económica y los problemas de seguridad pública, augurando un complejo arranque durante el primer trimestre del 2021, para lo cual el Banxico tendrá la encomienda de verificar la esperada contracción de la economía mexicana de entre -8,7 % y -9,3 % durante el 2020.

Además, se estima que el 2020 dejará el saldo de la eliminación de 850 000 puestos formales y el precedente negativo de julio pasado cuando el Inegi detectó la pérdida de 15,7 millones de plazas. También se calcula a través de la Encuesta sobre el Impacto Económico Generado por el Covid (Ecovid-IE) y del Estudio sobre la Demografía de los Negocios (EDN), que el «mal» 2020 ocasionará que sobrevivan solo 3,9 de 4,9 millones de mipymes previamente registradas, confirmando que un solo año de pandemia bastó para que sobreviva el 79,19 % del ecosistema empresarial cuantificado desde principios del 2020.[13]

---

[12] Oliva Posada, Javier (28 de mayo del 2018). «La expansión del crimen organizado, consecuencias sobre desarrollo» en *El Universal*: https://www.eluniversal.com.mx/articulo/javier-oliva-posada/nacion/la-expansion-del-crimen-organizado-consecuencias-sobre.

[13] Belsasso, Bibiana, *op. cit.*

www.ingramcontent.com/pod-product-compliance
Lightning Source LLC
Chambersburg PA
CBHW020328170426
43200CB00006B/312